新曲綫
New Curves
用心雕刻
每一本......

用心字里行间　雕刻名著经典

创建教练文化

——十字路口的组织升级

[英] 彼得·霍金斯　著
陈　绰　李龙乔　译
陈　绰　吴彦群　审校

人民邮电出版社
北　京

图书在版编目（CIP）数据

创建教练文化：十字路口的组织升级 /（英）彼得·霍金斯著；陈绰，李龙乔译．-- 北京：人民邮电出版社，2025. --（积极教练技术系列丛书）. -- ISBN 978-7-115-65376-5

Ⅰ. F272.92

中国国家版本馆 CIP 数据核字第 2024AV1628 号

Peter Hawkins

Creating a Coaching Culture: Developing a Coaching Strategy for Your Organization

ISBN 978-0-33-523895-8

创建教练文化：十字路口的组织升级

◆ 著　　［英］彼得·霍金斯
　译　　陈　绰　李龙乔
　审　校　陈　绰　吴彦群
　策　划　刘　力　陆　瑜
　责任编辑　刘冰云
　装帧设计　陶建胜

◆ 人民邮电出版社出版发行　北京市丰台区成寿寺路 11 号
　邮编　100164　电子邮件　315@ptpress.com.cn
　网址　http://www.ptpress.com.cn
　电话（编辑部）010-84931398　（市场部）010-84937152
　三河市少明印务有限公司印刷
　新华书店经销

◆ 开本：710 × 1000　1 /16
　印张：15
　字数：200 千字　2025 年 1 月第 1 版　2025 年 1 月第 1 次印刷

著作权合同登记号　图字：01-2015-3279

定价：68.00 元

本书如有印装质量问题，请与本社联系　电话：(010) 84937152

内容提要

教练技术是过去30年的领导力及管理实践中最重要的发展之一。在教练行业的下一个发展阶段，不仅要促进个人成长，同时还要服务于整个组织的战略和业务发展。本书介绍了创建教练文化的三大基础支柱和七大步骤以及如何对教练活动进行评估，进而使教练技术在促进组织进步中发挥更大影响力，并让教练活动走出教练室，成为管理、领导以及调动所有利益相关者的一种方式。本书写给所有想要加入教练技术下一个发展阶段的人。无论是CEO、人力资源总监、组织发展或领导力发展负责人、教练经理、内部或外部教练、教练培训师或著述者，都能利用书中介绍的步骤和方法，在推动教练活动与整体业务发展相结合并创造真正价值方面发挥自己的作用。

主编简介

彭凯平教授，1983 年毕业于北京大学心理学系后留校任教。1997 年获得美国密歇根大学心理学博士学位，后任教于美国加州大学伯克利分校心理学系。曾获美国加州大学伯克利分校心理学及东亚研究终身教职，曾任加州大学社会及人格心理学专业主任和美国心理学会科学领导委员会成员等国际职务。2008 年 5 月起受聘清华大学心理学系教授和首任系主任。

现任清华大学心理与认知科学系教授，曾任清华大学社会科学学院院长、心理学系系主任，兼任清华大学 – 伯克利心理学高级研究中心、清华大学社科学院积极心理学研究中心主任，以及清华大学幸福科技实验室（H+Lab）联合主席。国际积极心理联合会（IPPA）以及国际积极教育联盟（IPEN）中国理事，并担任中国国际积极心理学大会执行主席（2009 年至今）。曾连续两年代表中国在“联合国国际幸福日”纪念大会上作报告。

至今已发表 300 多篇学术期刊论文，出版图书《心理测验：原理与实践》《文化心理学（英文教科书）》《跨文化沟通》《吾心可鉴——澎湃的福流》等中英文著作 8 部。多次获得重要学术奖项，2004 年获美国社会心理学会最佳论文奖；2006 年获美国管理学院最佳论文奖；2007 年被美国人格与社会心理学会评为全世界论文引用最多的中青年社会心理学家。2015 年中国教育部高等学校科学研究优秀成果二等奖，2015 年、2016 年、2017 年入选爱思唯尔（Elsevier）“中国高被引学者（Most Cited Chinese Researchers）十大心理学家榜单”，2017 年荣获教育部“全国高校网络宣传思想教育优秀作品”一等奖。2013 年和 2014 年所教授的“心理学概论”成为中国慕课（MOOC）最受欢迎的课程，并于 2017 年评选为国家精品在线开放课程；2015 年当选山东卫视《中国好先生》节目“中国十大先生”；2016 年当选人民网“健康中国年度十大人物”。2018 年获得清华大学第十六届“良师益友”奖项。

丛书序

教练技术代表了一种正面积极的力量：它是一种信念，相信人会变得更好，人们可以发掘自己内心潜在的积极的力量；它是一种行动，教练工作者的天职就是成就他人，与人为善；它更是一种愿景，希望社会进步、企业发展、人民幸福。可以说，起源于20世纪70年代的现代企业教练技术与积极心理学有着天然的联系。

出版这套“积极教练技术丛书”有三个方面的重要原因。第一个原因是希望弥补中国传统管理教育中的不足。中国的管理学院、商学院开设了很多领导力、管理学方面的课程，但这些课程离社会实践有一定的距离。抽象的理论和具体的案例要与管理者的工作需求和实践结合起来，贯通课堂学习和工作实际的是教练科学和技术；第二个原因是希望纠正我们心理学界的一个偏差。很多的心理学研究者在象牙塔里做学问、发文章，往往忽视了社会特别是企业管理人员的需要。通过出版这套丛书，也代表我们中国心理学界的一种反省和姿态；第三个原因是希望响应时代的呼唤。改革开放40年来，中国的社会和企业发生了翻天覆地的变化，但同时也面临着很多的挑战、困难和发展的瓶颈，这其中有没有可以提升的路径，需要从我们新的角度去分析和思考。这是社会发展的需要，也是新时代中国人的责任。

这套丛书的选书标准是什么呢？对于教练技术的好书，我认为应该符合三个标准，即内化、文化和变化。第一个标准是，心的力量非常重要，所以我特别强调一本好书要能够打动人心，让管理工作者以及教练自己能够有所感悟，有所感触，读了以后有一种朝气蓬勃、意气风发、热血沸腾的感觉，或者让我们感动，或者让我们深思，或者让我们行动，产生一种内化的作用；

第二个标准是要在某种程度上产生变化，所有的知识和概念都不应是抽象的文字，而是变成身心灵的反应（心理学中称为“具身认知”）。好书不只是印刻在人的大脑记忆系统中，而是变成神经元的联系在全身流淌，产生一种召唤，产生一种激励，产生一种感应，产生一种行动的冲动和欲望；第三个特别重要的选择标准，就是它强调文化变迁，教练不仅要教给人们战胜困难、克服自身问题的技巧，而且要建立起教练的文化，这种文化激发的是人与人之间的信任、关怀和支持以及对于共同进步的追求。

最是一年好光景，北京秋色正清华。秋天是收获的季节，也是储备的季节。我衷心希望我们这套丛书能够发人深思，让人受益，功在当下，利在千秋。如果能在中国的管理学界、心理学界、知识界产生一次文化变革，向着互相关心、互相促进、互相成就、与人为善的文化变迁，那就是对我们编译此丛书初心的最好回报。让我们为共同推动和迎接美好的积极教练的春天的到来而努力！

彭凯平

2018 年 10 月于清华大学明斋

推荐序

处在风口的中国教练行业

2019 年春，彼得·霍金斯教授来到北京，莅临群智公司讲授《系统性团队教练》认证课程。中午，他给我带了一本他的得意之作。我一看书名《创建教练文化》，就被触动了，这正是群智近些年来一直专注在做的事情啊！书籍的目录直接呈现了企业建设教练文化的 7 个步骤，完全涵盖了我们正在进行的所有教练实践。这不仅是全球第一本探讨教练文化的书，更是一本全面系统展现教练实践的宝典，也是每一位希望重塑组织文化的一把手，每一位希望升级组织能力的人力资源从业者，以及每一位专注人才发展和组织发展的企业教练，都需要的实践指南。

晚餐时，我对老先生说，这本书太好了，我来推动在中国的出版。霍金斯教授微笑着对我说："我希望你能做的更多，你应该在中文版中补充进中国的发展和你们的案例，这样对中国读者的价值就会更大。"当时的我不假思索地说，教练在中国还只是刚刚开始，很难找到有教练文化的案例。老先生并没有反对我，也没有试图说服我，只是举重若轻地补了一句："你可以的，从我们的闲聊中，我能感觉到群智已经有很多好的实践了。"

我开始认真地阅读每一个章节，越看越爱不释手，心中常常涌现出"对，就是这样的"，"太好了"，"原来如此"，我被深深地吸引了！这称得上是一本"上天入地"的著作，既对整个教练行业的发展提出了高屋建瓴的方向指引，又为组织的教练战略绘制了全景图，同时还给出了步骤清晰的战略实施路径，甚至具体的工作指南表格。

于是我开始和出版社联系，希望促成这本书在中国的出版。今年新曲线的编辑告诉我，说这本书翻译完成，很快就可以出版了，我非常开心！虽然时隔5年，但却是来得正当时。5年前，对大多数中国企业而言，创建教练文化的概念可能还过于前沿，让组织可望不可及，很难切合中国实际。即使像我这样的先行者，虽然在书中时常共鸣，但在身边却少有企业教练文化的成功案例。5年后的今天，群智每年的企业项目上百例，书中所说的创建教练文化的每个阶段，我们都能找到成功的标杆。

我一直在思考，如何向企业清晰地介绍什么是教练文化。书中，霍金斯教练将教练文化定义为："当领导者、管理者和员工都能够将教练技术作为一种关键方式用于调动并发展全体员工、调动利益相关者，达到提高个人、团队及组织三重绩效，提升所有利益相关者共享价值的目的，此时组织内就形成了教练文化。"我结合中国企业的实践，将教练文化用5个英文单词来代表，分别是：

- Collaboration：协作文化
- Objective：目标文化
- Accountability：担责文化
- Change：变革文化
- Humble：成长文化

这5个英文单词的首字母组合在一起，刚好是教练的英文单词COACH。当我们鼓励人与人之间的互动更多地采用教练式的对话，我们就可以形成COACH教练文化。在这样的组织文化下，每个人都以目标为导向，自我担责，同时彼此更好地协作，不仅能灵活地拥抱和引领变革，更能获得持续性的成长。

霍金斯教授描述教练文化创建的第一步常常是建立有效的外部教练小组。时至今日，这仍然是中国企业引进教练最常见的一步，很多企业接触教练都是从开始给某位高管找一对一辅导开始的。在中国，因为教练的水平参差不齐，交付的效果也可能差强人意，很多企业对教练的尝试往往止步于此，甚至对教练产生了错误的认知，非常可惜。

在中国，基于群智的实践，我们发现教练型领导力的培养是企业更普遍的需求，这一实践既反映了书中提及的步骤3，即在组织的高层开启领导力文化的改变，从“命令与控制”型转变为“教练型领导力”，这是一种自上而下的推动；同时它也包含了步骤6所反映的，在组织的中基层管理者当中普及教练能力，将教练融入日常的管理动作中。我非常认同霍金斯教授的洞见：“你为什么认为，那些因昨日游戏取胜而获得晋升的人，会率先开创出明日获胜的游戏规则？文化变革是由高层发起的，但却需要由组织的中层——未来的领导者——来推动。”

2022年10月，群智在一家大型央企的省分公司首先开展教练型领导力的培训，这是对公司高层领导关于教练的第一次普及，随后我们开始给全省近50名干部安排了一对一的高管教练；2023年6月，该公司选拔了4名内训师来参加群智CITO国际教练课程的学习，之后又将专业教练课程引入到公司的内部培训中。到2024年，该公司不仅培养了130多名内部教练，而且将2022年聘请外部一对一高管教练的流程进行内化，建立了规范的内部教练机制，到现在已经为800多名干部提供了内部的教练支持，教练思维开始融入各层领导的管理理念中。公司总经理畅想下一步的发展方向是深化教练式管理，而且开始引入团队教练，进一步打通教练和战略目标的关系。这家企业的案例非常完整地展现了书中创建教练文化的多项步骤。

我还特别希望分享另外两个案例，一个是书中描述的步骤5，即将教练融入人事管理和绩效管理。与很多世界500强的跨国公司强调对人的关注相比，中国公司更注重教练在绩效管理中的应用。群智也开发了适配中国国情的绩效赋能教练产品。一家不适合透露名字的大型集团企业，不仅在人力资源团队推广绩效教练的理念，而且鼓励业务和技术管理者成为绩效教练，在公司内建立内部绩效教练的辅导和认证体系，到目前为此，全公司已经有超过1000名的绩效教练。

另一个案例是创建教练文化的步骤7，即教练成为与利益相关者互动的方式。这方面的应用是教练文化最前沿的实践，也是最令我兴奋的，因为教练可以直接助力于业务的发展。我们曾经与一家著名的化妆品公司，将教练式沟通引入到她们与经销商的互动，其改变肉眼可见，以至于他们的经销商也找到我们，希望学习这个“神奇的能力”。我们开发的教练型销售课程将教练式对话用于销售人员和客户的互动中，转变销售风格，迅速提升公司的销售能力，不再是“要你买”的硬式推销，而是激发客户发自内心的“我想买”。

从这本书的英文版到现在的中文版，教练行业最巨大的一个转变是AI和在线技术平台的出现。虽然彼得老先生在书中前瞻性地提出了技术平台对教练行业的助力，但现实的发展比我们想象的更快。群智在2019年投入研发，2020年开始在企业项目中推出在线技术平台，当年就有10个项目上线。国外，在线教练平台更是风生水起，头部几家公司的估值均达到几十亿美金。

霍金斯教授写这本书时，他认为多年前的教练行业正站在发展的十字路口，从20世纪90年代到本世纪初，教练对个人成长的价值已经被大家广为接受，但是教练行业面临着一个严峻的挑战，就是在促进个人成长之外，如何能给企业提供价值。这正是企业教练和生活教练的不同之处，教练作为领导力发展和组织发展的管理性创新，必将在支持个人成长的同时，服务于组织的整体战略和商业目标。

我很高兴地和大家分享，群智作为中国企业教练的发起者和领头羊，我们也一直在推动着中国教练行业朝着这个方向蓬勃发展，很多10年前还看不清的趋势现在已经清晰，甚至取得显著成果。我想说，今天中国的企业也站在一个发展的十字路口，面对前所未有的不确定性，企业的下一个发展目标，必将是如何激发每个人的潜能。发展中的企业教练站在这个风口，助力组织升级的风口，我们不再能依靠一位英雄人物力挽狂澜，而是需要组织中每一个人的共同努力！

吴彦群

群智企业教练创始人

2024.12

译者序

塑造组织之魂，提升组织可持续竞争优势

一个提问

2015 年 11 月，我初识本书作者彼得·霍金斯教授。那时他在中国开设首期系统性团队教练课程。课程上，他的一个提问给我留下了非常深刻的印象，那就是："2008 年经济危机时，我们教练，在为这个世界做着什么？"

我接到本书的翻译任务，是 2020 年春天，距离现在正好三年时间。这三年里，我耳边不断回响起这个提问，也不断地思考："后疫情时代，我们教练，可以为这个世界做些什么？"联系到我自己，我想，翻译这本书以及其他教练专著，是我能为这个世界所做的一份微薄的贡献。

而我们，一起可以做得更多。助力组织应用教练技术、创建教练文化，是我们这一代专业教练以及组织内的教练先行者可以做的一件特别值得的事情。今年是我走上企业教练之路的第 14 年，助力更多企业运用教练技术走向更大成功，我和其他同期的一些专业教练也盼望了 10 多年。教练技术目前在国内各大城市已有较为广泛的认知，而霍金斯教授又为我们总结了一条清晰的创建教练文化之路，我想这个愿望的实现也指日可待了。

本书内容及价值

本书围绕组织创建教练文化这个主题展开，对于希望运用教练技术持续有效地支持组织健康发展的人士来说，这是一本必读书。这些人士包括但不

限于组织内外部专业教练和教练项目负责人、组织内CEO等高层决策者以及其他各层级业务负责人、人力资源及领导力发展负责人、组织发展负责人等。书中内容特别实用，主要包括：

- 教练文化的定义以及在五个层面上的体现；
- 创建教练文化的三大基础支柱；
- 创建教练文化的七大步骤及评估；
- 调动利益相关者的关系价值链；
- 组织层面收获教练活动学习成果的方式。

从提升领导者个人能力，到发展分布式团队领导力，再到促进组织层面的学习，最后到运用教练方式更有效地调动所有利益相关者，达到这一步，组织的教练文化就形成了。教练文化会强有力地激发整个组织的活力，释放每位员工的潜能，让每个人都能积极主动、创造性地与各利益相关者建立高效的合作伙伴关系，为组织所处的整个生态系统创造更大价值，从而有效提升组织的可持续性竞争优势。

三个建议

根据我的观察和感知，目前国内绝大多数企业对教练技术的应用，相较霍金斯教授所处的欧洲来说，仍处于早期探索阶段。许多对教练技术感兴趣、有意将其引入到企业内部的人士，还存在许多困惑，走着许多弯路。但也确实有一些企业或企业当中的某些部门，在其负责人的大力推动下，结合外部优质教练资源，率先引进教练技术并取得了卓越的成果，这些成果包括一些关键问题的解决以及领导者个人能力和团队集体能力的提升。

基于过往的教练实践经验，针对在组织内实施教练活动尤其是创建教练文化的早期阶段，我分享以下三点建议，希望有所帮助。

1. 最高决策者积极投入，充分调动各重要利益相关者

教练项目的成功实施，高度依赖于高层决策者的积极投入。这里的高层

决策者，指的是教练项目实施范围内的最高决策者。事实上，我们实施的很多教练项目，都是由组织或某业务层面的最高决策者发起的。这些决策者，既关注所在业务领域中关键问题的解决，同时也非常关注团队成长。他们比其他任何人都更渴望教练项目成功，所以也愿意投入足够的时间和精力与教练团队合作，共同促进教练成果的产生，促进团队发生真正的转变。

我曾听到一位人力资源（HR）负责人说道，她非常希望外部教练团队能够帮助他们去影响业务团队的领导者接受教练支持。我非常理解她的这种呼声，从中听到了HR群体的某种无奈情绪，这代表了当下企业内普遍存在的一个挑战。有效应对这种挑战的一个方式，是创造更多机会，促进业务团队领导者与外部资深专业教练进行直接对话，让他们真正了解教练可以创造的卓越价值。这种更具建设性的合作伙伴关系，会使教练项目进展更顺利，成果也更令人满意。

总体而言，对于有效实施教练项目来说，关注并调动各重要利益相关者，通过反复充分沟通，令各方真正理解其价值，提升投入度，这一点至关重要。

2. 实施整合式教练解决方案，发挥团队教练的独特优势

目前，国内组织对于教练的认知和应用程度，比较高的是一对一教练和教练技能培训，团队教练还比较有限。实际上，从投入产出比的角度来讲，团队教练一般要高于一对一教练，而且重要的是，有些关键问题需要在团队层面达成一致，一对一教练力所不及。同时相较教练技能的培训，团队教练与业务问题的结合更加紧密，成果产出更加直接快速，影响也更加深远。

关于团队教练，我推荐阅读霍金斯教授的另一部专著《高绩效团队教练》。其中文版已于2018年出版，作为译者以及系统性团队教练在国内的第一批实践者，过去数年，我一直持续传播书中的理念和方法，我和我的客户团队都深深受益。一起研习作者的这两本书，收获会更多。

整合式教练解决方案，能够更有效地调动利益相关者系统，创造各方期望的转变。我们服务过的一家世界500强企业，运用团队教练、一对一教练等综合解决方案，支持内部销售团队明晰了自己的愿景、使命、核心价值观，并进一步运用团队教练方式支持客户实现内部战略协同，之后一跃成为客户组织健康发展的关键合作伙伴，业务增长在同行中脱颖而出。

另一家我们服务过的世界500强企业，其欧洲总部的某项战略性工作方式在中国区某部门的落地不知从何做起，团队领导者主动引进了团队教练。半年时间，团队在战略落地方面跨出了关键的第一步，在全球贡献了中国区的独特实践。更重要的是，整个团队被激发起来，从各团队领导者到一线员工，大家主动学习并分享，积极探索更有效的与组织内外部各利益相关者合作的创新方式，在工作方式、心智模式方面都发生了期望的转变，进而对其他工作领域也产生了积极的影响。

所以我的建议是，组织内开展教练活动，要避免过度依赖单纯的一对一教练，要着眼于整合式教练解决方案。而对于众多专业教练从业者来说，可以把目光扩展开来，把团队教练纳入工具箱，扩展自己为组织提供教练服务的能力。我和一些教练同行都相信，团队教练未来在企业中的应用会越来越广泛，会成为团队领导者的必备技能。

3. 基于业务视角，进行灵活有机的个性化项目设计

本书所提供的路径和方法非常清晰实用，案例也很有参考价值，这些对于组织开展教练活动具有很强的指导意义。同时也需要留意的是，要避免盲目照搬套用以及僵化执行书中所介绍的方法和流程步骤，要从组织或业务部门的具体需求出发，以终为始地进行个性化设计。

本书中的内容，霍金斯教授更多地是从能力提升的角度展开的。这让我想起，有一次一位对教练感兴趣的人力资源经理来向我咨询，沟通很久后他终于明白，教练活动会解决实际问题，而他们原来的课程只关注提升能力，不关注实际工作问题的解决。其实在我看来，那样的课程对于提升学员能力的效果也是有限的，这一点也正是霍金斯教授在《高绩效团队教练》一书当中所着意强调的。

人力资源部门在助力组织健康发展的过程中发挥着至关重要的作用，同时也常常面临着不为业务部门真正理解的挑战。所以我想补充的就是，人力资源部门可以考虑从解决组织或部门当下关键发展问题的角度来考虑教练项目的个

性化设计，与组织或部门负责人展开多轮深度对话，了解他们真正的需求，这会让他们更感兴趣、更愿意投入时间和精力，甚至成为项目最主要的推动者。这是人力资源部门有效调动业务领导者的一个强有力的方式。同时也建议人力资源部门将本书广泛地推荐给高管及各层级团队领导者阅读，建立共同认知，共同促进教练文化的形成，进而强有力地支持组织持续健康发展。

以上是我基于当下国内企业对于教练的认知及应用的现状，针对企业在早期开展教练活动的三点建议，希望帮助企业顺利获得一些成功的教练项目体验，进而增强信心，激发更大兴趣。我相信这些点状的成功会为下一步在企业内全面创建教练文化打下一些坚实的基础。

另一个提问

过往十余年当中，一些领导者在教练过程中发生的转变让我记忆犹深。我记得一位研发部门总经理“进入无人区”迷茫探索，我的陪伴强有力地支持他带领团队在几个月内探寻出一条新路，获得公司 CEO 的肯定和欣赏；我记得一位公司总经理在教练对话中放下纠结终于做出关键决策，主动推动总部相关部门共同研发降本增效战略新产品，对公司健康发展产生至关重要的影响；我记得一位销售大区经理，“偷学”我的教练方式用于辅导下属，一次关键对话让一位即将被末位淘汰的员工找回状态，一个月内该员工即帮助部门弥补了当季的绩效缺口，达成高绩效。这样的故事还有很多，不胜枚举。

一些团队在整合式教练项目中所发生的转变特别具有代表意义。如前文所述的两个案例，一个团队的销售模式进行了战略升级，与客户之间一改原来的交易型关系，建立了长期稳定的合作伙伴关系；一个团队达成了一项关键战略的落地并在工作方式、心智模式上跨出了关键性的突破。整合式团队教练项目也适合于创业型团队或小微组织，产生的效果更加立竿见影，典型案例包括：一家服务型创业公司，成立两年一直亏损，针对高管团队安排团队教练及一对一教练支持，通过高度聚焦共同目标、大幅提升会议效率，短短三个月时间一举实现盈利；一家公司的销售团队，人员流动带来员工能力不足，从而导致销售业绩连续八个月持续不达标，各相关部门负责人都很焦虑。在一次团队教练活动中，我支持大家将目标聚焦于共同支持销售团队提升能力，并细化了达成目标的衡量标准和行动。之后在不到一个月时间内，销售团队员工能力迅速提升，各相关部门当月绩效均顺利超额完成，公司总经理对于这种快速转变非常惊喜。

这些领导者及团队所发生的转变，让我不断感受到教练活动所产生的当下的改变和深远的影响，同时也更加感受到他们的强烈需求。可以说，每位领导者和每个团队都需要获得教练的支持，去实现关键的跨越，达成解决关键问题和提升能力的双重成果，这对于组织当下及未来的成功至关重要。

除了霍金斯教授的那个提问时常在我耳边回响，还有另外一个提问不断激励着我。那是 2010 年，在郑振佑博士的教练课程上，他问我们这些学习者：**"现在，你可以做些什么，影响未来中国社会 1000 年？"**当时我们热烈地分享各自的答案，至今我仍能感受到那时的心潮澎湃。当初心中的热情，转化为后来脚下的行动：传播教练技术，让更多人受益，是我十多年以来的愿望。

感谢霍金斯教授，为我们贡献了这本很有实践指导意义的专著；感谢编辑老师对我的信任，委托我翻译此书的部分内容并对全书进行审校；感谢读者朋友，我和其他译者能力和精力有限，译文中错漏之处在所难免，感谢大家包容，也欢迎提出批评和指正；感谢各位教练同行者，我们共同实践、传播教练技术，助力领导者及团队进化，助力组织健康发展，助力社会进步；感谢每一位参与这份事业的伙伴，一个人终其一生，能做的事非常有限，但我们在一起，却可以共同创造无限可能。

我相信，通过共同努力，我们不仅可以帮助企业创建教练文化，也能够帮助学校、家庭创建教练文化，帮助每个人成为教练型领导者、教练型老师、教练型父母……我相信，运用教练方式进行沟通，带着真正的好奇和接纳，深度感知彼此，由此所缔结的关系会产生质的不同，所带来的影响也必会超出期望。让我们一起加油，让世界更美好！

陈绰

2023 年 4 月 3 日

目　录

前言

十字路口的教练行业：CEO、人力资源总监、教练负责人、内外部教练、管理者、教练培训师及研究者所面临的挑战

当我坐在这里撰写本书时，我很想伸出手，邀请你——读者朋友——参与进来。我试着想象会是什么样的人与我一起坐在桌前。你会是一位首席执行官（CEO）吗，想知道教练技术能如何帮助你让组织发生改变？或许你是一位教练，对于个人教练工作乐在其中，但却因为无法为你服务的组织带来更大影响而感到沮丧。或者你是一位人力资源经理或学习与发展经理，你知道教练技术对于人员发展起着重要作用，希望让教练活动与你要参与的其他许多战略保持协同，但又不确定如何做最好。也许你是一位教练带头人，你想知道如何说服上级管理者，告诉他们教练技术能够为推动业务发展或组织成长增加重要价值。

欢迎你来到我的桌前，阅读这本书，在这里，我致力于解决你的那些困难、充满挑战的难题。过去四年时间里，我一直在与像你一样的人交流，他们知道教练技术还可以提供那么多价值，但却面临着一个严肃的问题：我们要如何共同努力去实现。

我想邀请你共同探索这个问题的答案：

未来世界有哪些需求是只有教练技术才能满足的？

我们都知道，世界面临着前所未有的复杂挑战，而那些公共部门、社会团体和商业组织中的领导者，所面临的挑战也比以往任何时候都更大、更复杂、互联程度更高。为应对这些挑战，我们需要在智力和情感两个方面提高个人能力和集体能力，以引领组织和员工做出一致的回应。

这个非常明显的需求带来了领导力开发的巨大增长，使之成为全球价值数十亿美元的行业。然而我认为，领导力开发方法的演变及发展速度，未赶上迅速变化的挑战，供需差距越来越大。

十字路口的教练行业

过去 30 年里，教练技术是领导力及管理实践当中最重要的一项发展。然而现在，人们开始质疑教练技术是否给个人和组织带来了他们想要的价值。

教练服务的增长遍及全球，尤其是在西欧、北美和澳大利亚地区。这些地区中，现在有超过 70% 的大型公司将教练技术作为管理和领导力开发的主要形式（Zenger & Stinnett, 2006; 见第 1 章）。迄今为止，教练技术主要关注的是领导者和管理者的个人发展。即使在经济衰退的情况下，许多组织仍然致力于将教练技术作为保障个人及组织进行学习、提升适应能力的有效方式。我们还看到教练技术在全球范围内的广泛传播，东欧、中东以及亚太地区也有了强劲增长。

下一阶段教练行业的发展会出现根本性的转变，对教练与日俱增的需求不仅是为了促进个人成长，同时还要服务于整个组织的战略和业务发展。无论是内部教练还是外部教练，都需要教练工作在各个层面发生微妙而深刻的范式转变。时至今日，教练们一直把重心放在所服务的个人或团队身上，并视他们为客户。在新的教练范式下，我认为我们要将这些个人或团队不再视为面对面的客户，而是肩并肩的合作伙伴。这样教练服务就能作为第三方，成为共同作战的生力军，助力提升领导能力、推进组织变革、实施战略落地，以及支持团队为众多利益相关者提供更好的服务。

在我阐述教练如何进入下一发展阶段的教练三部曲当中，本书是最后一本。2006 年，我和同事尼克·史密斯合著了《教练、辅导与组织咨询：督导和发展》一书（*Coaching, Mentoring and Organizational Consultancy: Supervision and Development*; Hawkins & Smith, 2006），阐述了将教练、辅导和组织变革三者结合起来的必要性，以及督导在持续提升这三种实践活动的质量方面所发挥的关键作用。后来我又撰写了《高绩效团队教练》(*Leadership Team Coaching*; Hawkins, 2011a)[1]，提出世界需要更多集体领导力和高绩效领导团队，需要更多能够服务于整个团队的高效团队教练，这些教练不仅致力于团队的内部运作，还致力于调动所有利益相关者以提升绩效。本书是这三部曲的第三部，我着重的是寻求一些有效的途径，使教练技术在促进组织进步中发挥更大影响力，并让教练活动走出教练室，成为管理、领导以及调动所有利益相关者的一种方式。

本书写给所有想要加入到教练技术下一发展阶段的人。无论你来自哪个群体——或者是首席执行官、人力资源总监、组织发展或领导力发展负责人，或者是教练经理、内部或外部教练、教练培训师或著述者，你都能在推动教练活动与整体业务发展相结合并创造真正价值方面发挥自己的作用。

下面我们来看看各个群体所面临的具体挑战。虽然每个群体都有其特定的关注点和议程，但需要相互配合。我们终归都会参与进来，因为我们希望组织以及为其工作的人都能够繁荣发展。工作是人生的重要组成部分，让工作场所成为我们可以发挥最大潜能、持续学习和发展并促进组织目标实现的地方，这的确是非常值得的。工作场所还是建设繁荣社会所必需的可持续发展社区的一个关键方面，同时对于解决当今世界所面临的经济、社会、环境和政治挑战也至关重要。

---

1 译者注：本书的中文简体版已于 2018 年出版，英文第 4 版已于 2021 年出版。

CEO 的挑战

过去几年里，我与许多 CEO 和人力资源总监有过交流，他们大多对自己组织中教练活动的增长感到无比自豪。然而，他们却同时在担忧所带来的组织收益、教练活动的持续开展以及对投资回报的评估。

为了解决这些令人担忧的问题，我首先会问他们："你认为在你们组织当中每个月会发生多少次教练对话？"几乎没有人能给出准确的数字，但大多数人会估计说有数千次，特别是如果把直线经理与下属的教练对话也包括在内，而不仅限于内外部教练的正式教练对话。接下来我会提出一个简单但却颇具挑战性的问题："你们的组织是如何从这数千次教练对话中学习的？"他们通常会感觉很困惑，但同时也会很好奇教练活动如何带来组织层面的学习成果以及可见的组织收益。教练技术如果要发挥潜力成为培养 21 世纪所需领导力的重要工具，那么这个问题就必须解决。领导力不是孤立的活动，而是存在于一定的情境当中的。

在教学中，我强调，将教练与咨询或心理治疗区分开来的一个关键特征是，教练活动总是至少有三个客户：个人、组织以及两者之间的关系。教练、教练培训师、督导师、我们这些在这个领域著述或做研究的人、专业教练机构以及聘请教练的组织，均有责任处理好这三者之间的平衡。这意味着要大大增加对确保组织收益的关注。在聘请教练的组织当中，CEO 要首先承担起责任，确保从教练投资中获得最大收益。他们与董事会以及其他高管团队成员一起，要追根究底提出一些问题，包括：

1. 要获得成功，我们需要什么样的组织文化以及教练文化要如何与其相联系？
2. 要创建这种文化，我们需要什么样的领导力文化？
3. 我们推动组织前进所需的领导能力与当前的领导能力之间存在哪些差距？

4. 我们如何充分利用教练技术来加速未来人才的培养并提升现有关键领导者的能力？
5. 我们如何发挥教练技术的作用，最大限度地提升参与度、推动员工的持续学习和发展、优化绩效管理、提升士气，进而从根本上提升我们组织的影响力？
6. 我们把教练资源投入到何处，如何投入？如何评估其投资回报？
7. 在个人教练、关系教练、团队教练以及全系统教练方面，我们需要什么样的组合？
8. 我们如何将教练战略与业务战略、组织发展规划、领导力战略以及人才战略进行整合，以保证协同及效能的最大化？

很少有 CEO 和其他高管会预先提出这些重要的战略问题，他们往往会等待人力资源总监或其他人员基于个人兴趣做出提议，到后来又会诧异于为什么教练的作用差强人意。本书的目的，不仅是帮助你在这个过程的一开始就提出正确的问题，而且还会帮助你学习如何更好地支持和鼓励教练文化的创建，并在创建的过程中定期检视和评估，不断增加价值。

人力资源总监、领导力与发展经理的挑战

即便董事会未提出正确的战略问题，人力资源总监也没有理由逃避责任。你要积极探索良好实践和最佳途径，通过一系列行之有效且协同一致的人才战略来影响业务战略。

过去，直线经理遇到与绩效和行为有关的谈话，如果感觉自己处理起来太困难或太尴尬，或者缺乏情商无法很好地处理，就会外包给人力资源经理。人力资源经理深受其苦，转而又会把那些自己处理起来也感觉太困难、太尴尬的谈话再外包给外部高管教练。督导过程当中，我经常询问高管教练们，

他们为什么要接手这种困难谈话，因为这种谈话本应由直线经理或直接同事来进行。

一家大型零售企业新上任了一位高级人力资源经理，她想了解公司目前在教练实践方面的情况，却发现没有人能够告诉她：

- 哪些人在接受教练；
- 这些人接受教练多长时间了；
- 在教练活动上的花费是多少；
- 符合什么标准方可接受教练；
- 选择外部教练时采用哪些标准。

经过进一步探究，她发现组织在教练上的花费已超过 100 万英镑，但对这些花费却从未设定目标，也从未对投资回报进行任何评估。

本书旨在帮助人力资源总监和经理了解如何更好地开展和协同教练活动，将教练文化的创建与其他关键人力资源战略和计划进行整合，这些人力资源战略和计划包括：招聘、员工管理、学习和发展、人才培养和晋升流程、领导力发展、绩效管理和团队发展。事实上，几乎所有人力资源管理环节都有教练及创建教练文化的用武之地。

教练项目负责人和教练领头人

一个越来越普遍的情况是，大型组织会任命一位教练负责人，而小型组织或资源有限的组织则会任命一位教练领头人。显然，这个人的主要任务是负责整合所有教练活动（无论由外部教练、内部教练还是掌握教练技能的直线经理来实施），使之为培养人才和促进组织效能发挥最大作用。他们需要了解教练战略、教练发展、教练实践以及创建教练文化的方式等各个方面的最佳实践。我希望本书内容可以加速这个学习过程，并帮助你对所在组织的教练过程进行选择、规划、整合、检视和评估。

内部教练

许多组织正在招聘、培训、发展内部教练群体。一些组织中的内部教练主要来自人力资源群体，而另一些组织已经意识到从各业务部门抽调教练的好处。这些内部教练每周拿出两到三个小时来教练组织内其他部门的员工。

本书会讨论一些内部教练要提出的关键问题，包括：

- 在遵守适当保密原则的前提下，内部教练如何汇集关于组织的集体智慧，并与高管讨论所看到的情况？
- 我们如何将本职工作与成为高效的内部教练结合起来，并在这两种角色中持续学习和成长？
- 我如何让直线经理认可并奖励我在教练工作中提供的价值？

外部教练

外部教练一直忙于精进自己的技能，几乎无暇退后一步，解决教练行业更广泛的系统性问题。大型组织在发展内部教练能力，所以现在聘用的外部教练越来越少。由于经济紧缩，这种趋势在许多国家还在扩大，许多公共服务组织开始全面禁止聘用外部教练，即便认识到对教练的需求正在增加。与此同时，被裁减或提前退休的人正在接受培训成为教练。这意味着教练业务的竞争会急剧增加。

如前文所述，我还遇到许多外部教练，他们在企业里做个人教练并乐在其中，但当意识到所服务的组织中存在许多限制性模式时却感到很沮丧。他们通常很难找到一种方法，帮助整个组织或系统转变这些模式，运用教练技能更好地支持组织层面的学习和提升。

对于外部教练来说，要想不仅为高管个人更为整个组织增加价值，就需要发挥自己的作用，帮助组织将教练活动与整个业务发展议程联系起来，创建可持续的教练文化。本书中，我将回答许多外部教练向我提出的以下问题：

- 我们如何才能更好地影响整个组织？
- 我们的教练活动需要做出哪些改变，才能为被教练者个人及其所在组织创造更大价值？
- 我们如何才能给予内部教练及其所在组织最大的支持，成为他们最好的合作伙伴？
- 在为某家组织的高管提供教练服务的过程中，我如何向这家组织提供我关于组织的看法和思考？

教练型管理者

正如培养内部教练一样，许多组织还认识到，开展教练活动是每位领导者和管理者角色的一个关键方面。每位领导者和管理者，都要通过所领导和管理的下属员工来实现价值。他们要不断帮助员工提升绩效、效能和效率，调整工作以适应组织内外不断变化的环境，校准自己的努力以便与其他人的工作保持协同。

许多组织会为所有管理者提供短期教练技能培训，而一些锐意进取的组织还会给管理者安排督导机会，支持其给所领导的员工和团队做好教练。担当教练的管理者通常会提出的问题包括：

- 在繁忙的日程当中，我如何利用有限的时间高效教练所有员工？
- 我经常要出差，如何线上进行“虚拟”教练？
- 我接受过的培训有限，进一步接受培训的机会也有限，这种情况下，我如何持续提升教练水平?

- 我如何给团队做集体教练，以便让团队成员能够相互教练，进而创建一种自我支持的团队教练文化?

贯串本书，尤其是在第 9 章，我会介绍最佳组织是如何解决管理者的这些问题的，这些管理者通常在相当长的时间和相当大的工作压力下，将教练风格逐渐融入自己的管理活动当中。

教练培训师、研究者和著述者

教练书籍成百上千，教练培训课程也数量众多，从单日课程到文凭课程、硕士和博士项目等等。大部分书籍和培训课程的工作方式都是“由内而外”的：首先从教练的个人觉察开始，然后提升教练技能和技巧，再后提升人际关系技能，最后才是探索教练活动所处的组织和系统环境。从教育角度来说，这是完全合理的。但是，目前整个教练行业迫切需要形成一种新的平衡，要关注运用“由外而内”以及“由未来到现在”的方式来开展工作（Hawkins, 2011b）。运用这种方式，我们要从当前世界面临的挑战出发，探索其对组织提出了什么要求，进而找到组织对领导者和管理者又有何要求，最后是弄清楚需要做出哪些改变和提升。只有这样，我们才能有效地提出以下问题：

- 为应对未来的挑战，教练活动如何能够最大化地促进现任及未来领导者和管理者的成长，同时又能有效地推动组织的发展?
- 为此，教练活动要做出什么样的改变?
- 我们组织和开展教练活动的方式需要做出什么样的改变?

教练技术是在心理学和个人发展领域成长起来的，迄今为止一直非常关注个人。当前的挑战是，要将关注点从个人扩展到更广泛的领域，把全球及社会背景、组织的发展进程、组织文化和团队以及团队发展进程等因素综合考虑进来。

本书还写给所有开展教练培训、研究和著述的人们，我将分享我对教练行业下一发展阶段更为广阔的新前景的理解。未来的发展要考虑的是，教练活动如何才能带来更多的组织学习成果、为组织创造更大价值，并在个人发展、团队发展及组织发展三个层面创造更大的协同，同时还能运用更好的形式进行评估。关于教练培养方面的问题，可以通过创建教练文化的七大步骤（第4~10章）、个人及专业持续发展和督导的领域（第12章）、创建更有效的评估和研究的方法（第13章）来解决。

组织发展工作者

迄今为止，教练活动主要关注个人的学习和成长。然而本书中我要展示的是，教练活动和教练方法在组织发展的各个方面都能发挥关键作用，包括：

- 如何将团队教练方式更好地运用到领导团队、董事会、项目团队、销售团队以及管理团队等各种团队当中；
- 教练方式如何助力战略过程；
- 教练方式对客户关系以及利益相关者调动过程产生的影响；
- 教练方式具体用于提高组织敏捷性、变革准备度、领导力参与度以及变革过程的有效性。

本书中，我展示了为形成更有效的教练战略以达成实际、可衡量的组织收益，组织正在做什么以及还可以做什么。

本书阅读指南

本书首先介绍了教练行业的历史沿革和当前环境，描绘了过去30年教练行业出现的指数级增长，也描述了现在所面临的一系列关键挑战。特别是，将组织中目前发生的许多不同教练活动与组织的整体发展联系起来，并保证教练活动提供真正、持久的价值。

为应对这一挑战，第2章概述了包括制定强大的教练战略在内的需要建立的总体框架，第3章又对教练战略做了进一步探讨。第4~10章依次介绍了创建教练文化的七大步骤。第11章探讨了如何将这七大步骤与“关系价值链”进行整合与协同，在这个过程中可能会遇到的一些主要陷阱和误区以及相应的处理方法。最后，第12章和第13章解决的问题是，要保证组织不只是开展了大量教练活动，还通过个人及组织的持续发展，对所有教练活动进行督导并进行定期评价、检视和评估，提高教练活动的质量、深度和效果。

本书最后的总结部分介绍了一些观点，并回顾了此处概述的教练行业所面临的挑战。我探讨了教练行业下一发展阶段可能出现的一些情形以及相应的解决办法。教练工作的核心是高质量会话及生成性对话，这样的会话及对话能够创造更好的工作环境、创建高绩效组织，并提高应对全球环境中诸多挑战的能力。本书结尾思考了我们工作的这个核心以及我们如何推动其向前发展。

结束语

在经济衰退、财政紧缩、信贷受限的时期，组织不可避免地要对每项成本精打细算。开展教练活动也会面临越来越大的压力，既要证明其投资回报，还要提高其能力，在以有成本效益的方式培养领导者的同时，还要有效地助力组织在瞬息万变的世界中获得更大成功。教练行业要迎接这一挑战，需要各方面利益相关者的积极参与，包括：CEO；人力资源总监和经理；所有致力于个人、团队、组织和整个系统学习成长的人；内外部教练及直线经理；整个教练行业。无论你来自这些群体中的哪一个，我都欢迎你来到桌前，躬身入局，一起开启这个重要的探索之旅。

1 背景介绍：教练行业的发展及目前面临的挑战

引 言

尽管教练技术在组织中的应用已有30多年历史，但在英国、北美、欧洲部分地区以及澳大利亚地区出现指数级增长，还是近20年的事情。而在过去几年当中，教练技术在全球其他大部分地区也出现了显著增长。国际教练联合会（ICF）2007年的一项调查显示，教练行业在全球范围内创造了大约15亿美元的收入，而卡尔（Carr, 2005）的调查则估计全球教练人数已接近30 000人。教练已然成为大多数领导力发展项目中重要而常规的内容（Corporate Leadership Council, 2003），根据曾格和斯廷纳特（Zenger & Stinnett, 2006）的估计，在实施正式领导力发展项目的组织中，70%都将教练作为重要组成部分。英国特许人事与发展协会（CIPD）2009年年度调查显示，在539家接受调查的公司中，超过三分之二都在使用教练技术。

伴随教练行业的这种迅猛增长，教练培训机构的数量相应也急剧增加。根据卡尔（Carr, 2008）的估计，1999年北美只有不到12家教练学校，而截至2008年7月，已增至291家，同时还有“11家协会竞相声称自己是教练‘标准制定者’”（Carr, 2008:114）。文献著作方面也呈指数级增长，从1994年到

2004 年这 11 年，后 5 年在学术期刊上发表的文章数量比前 5 年增长了 300%（English, 2006; 也见 Grant & Cavanagh, 2004）。各种教练书籍和其他出版物的数量也急剧增加。

为什么教练行业迅猛发展

英国特许人事与发展协会对教练项目的采购方展开了广泛调查（CIPD, 2004, 2008, 2009），确定了各公司持续寻求教练支持的十大主要原因（CIPD, 2008）：

- 员工对不同类型培训的需求；
- 作为支持其他学习和发展活动的手段；
- 作为一种普遍的发展机制；
- 迅速发展的商业环境；
- 现代组织的特点；
- 终身学习；
- 具有针对性、个性化的“适时制”发展的需要；
- 与高管业绩不佳有关的财务成本；
- 帮助高管改善决策；
- 个人在发展方面的责任。

另一个推动因素是，需要培养出在人际关系和激发参与方面比以往任何时候都要谙熟得多的领导者和管理者。关于未来领导者所面临的关键问题，霍珀和波特（Hooper & Potter, 2000）写道：

> 释放人类巨大潜能，靠的是赢得人们的情感支持……想要赢得追随者的心，未来领导者需要具备更强的实力、更善于表达、更具创造性、更能鼓舞人心、更值得信赖。

在即时信息时代，产品和服务品质很容易被他人学习并复制。许多组织意识到，单纯依靠产品质量与竞争对手差异化的可能性越来越小。这些组织要在与顾客、客户或用户建立关系的方式上让自己脱颖而出。拥有卓越的品牌，产品或服务必不可少，但无论是商业组织、公共部门还是民间团体，这些都已不足以支持其取得成功。组织提供服务或产品、与客户及用户互动的方式，即便不比服务或产品本身更重要，至少也同样重要。

近期的一项研究显示，即使是制造业，战略重点也已从单纯以产品为中心，明显转移到了贯穿整个产品生命周期的对各方关系的激发参与上（CapGemini, 2010）。这就需要关注我所说的组织的“活品牌”——通过日常互动，组织是如何被客户和利益相关者所认知的。我们知道，员工对待客户的方式，最容易受到管理者和领导者对待自己的方式的影响。克拉克（Clark, 2002）指出，员工对组织氛围的感知，会影响到他们与客户的互动方式，进而影响到客户的保有。在第 11 章，我们会探讨如何基于对组织的“关系价值链”的理解来开展教练活动。关系价值链指的是，组织内部关系的质量会影响到组织与客户、用户及其他利益相关者之间的关系质量，进而又影响到这些群体对组织的认知以及组织创造共享价值的能力。

西方社会还出现了一种社会变革，人们不再那么服从权威，对个人在工作中建立关系的方式寄予了更高的期望。因此，各行各业的领导者都发现，员工越来越期望自己更具感召力、更加鼓舞人心。在那些打“人才争夺战”的行业，这一点变得尤为重要。综合以上所有因素，相较过去，领导者和高管们需要拥有更强的关系处理技能和更高的情商（EQ）。教练为领导者提供了一个发展过程，在这个过程当中，领导者运用新的方式来解决具体的人际关系问题，专注于提升自己在情绪及关系处理方面的领导能力。

组织学习的变革

在管理者和领导者学习方式的思维变革中，教练也至关重要。受到诸如圣吉（Senge, 1990）、佩德勒等（Pedler et al., 1991）、阿吉里斯和肖恩（Argyris & Schön, 1978）、霍金斯（Hawkins, 1991, 1994, 1999）、加雷特（Garratt, 1987, 1996, 2003）等学者关于学习型组织著作的影响，人们以前认为学习发展只是工作之外参加的讲授式课程，而现在则更加注重将学习发展融入日常工作挑战的应对当中。在霍尼和芒福德（Honey & Mumford, 1982）研究成果的基础上，我开发出一个简单的四象限图，用来展示学习的四个方面（见图 1.1）。

学习发展不再主要依靠图 1.1 右下象限“课程中学习”的方式。现在人们认识到，工作中和工作外的学习要相互结合。在我参与过的有关领导力发展全球最佳实践的各种研究中（见 Hawkins & Smith, 2006:101），我们发现，领导力发展在以下情况中效果最佳：

- 基于对达成未来成功所需要的领导文化和领导能力的清晰愿景；
- 重点打造领导团队，而不仅仅是领导者个人；

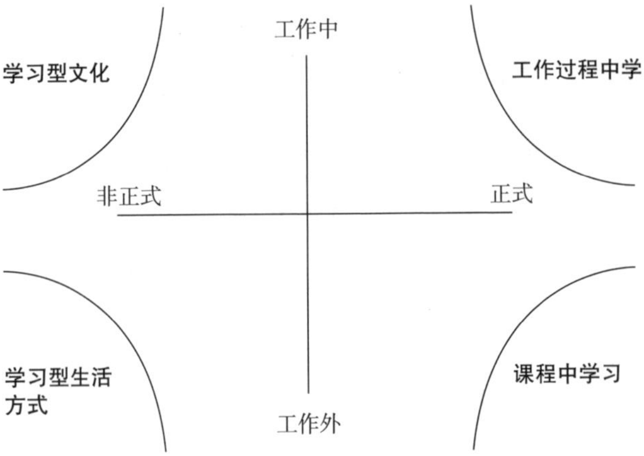

图 1.1 学习的四个方面

- 在战略和文化整合变革的背景下，将个人发展和团队发展相结合；
- 关注整个行动学习周期，将行动、反思、新思考、制订新计划和演练相结合，引发新行动；
- 为领导力学习小组或团队提供实时性战略挑战，这就需要领导者们使用新的方式建立关系，并跳出固有思维模式；
- 领导者需要跨越任何有碍于为客户提供卓越价值的行业边界；
- 以伙伴关系工作，并对这种伙伴关系的工作方式进行反思；
- 创造适时制（just-in-time）学习，让人们在获得 / 接受学习活动之前，就已经产生了学习需求。

我为写作这本书所访谈过的许多组织都谈到了使用 70:20:10 法则，即领导力发展的 70% 来自工作中的学习，10% 来自正式领导力发展项目，20% 来自将前两项结合起来的教练和辅导活动。运用图 1.1 的方式，用学习的四个维度来展示教练的应用，如图 1.2 所示。

大多数组织都保持或继续增加对教练活动的投入，但投入的重点却发生了明显变化。许多组织更多是开展“工作时间”的正式教练活动（右上象限），

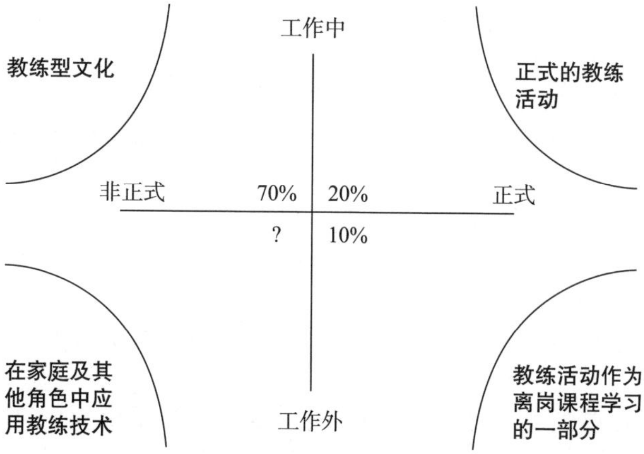

图 1.2　70:20:10 法则

由受过训练的内部教练来完成。还有许多组织将教练方式“常态化”，也就是将教练融入日常工作，在管理、领导、召开团队会议以及调动利益相关者等活动中均采用教练方式（左上象限）。将教练与其他培训发展项目（右下象限，工作外的正式学习）尤其是领导力发展项目相结合的形式也在增加，同时还促进领导者和管理者在更广泛的角色中应用教练技术（左下象限）。

当前挑战

尽管教练技术在应用方面迅猛发展，但这个新兴的行业却充满挑战。

30 年前，教练主要是一种帮助绩效不佳或者性格有缺陷的管理者提升的补救性措施。高管将困难谈话“外包”给人力资源部门，要求他们与自己不想面对的管理者谈话。而人力资源部门通常也会觉得这种谈话太困难，于是又将其“外包”给外部教练。这听起来可能有些讽刺意味，但这种模式却得到了许多教练和人力资源部门的认可，直到现在仍存在于一些组织当中。

20 年前，教练更加注重培养有潜力的管理者，“拥有教练”成为上进的标志，不再与有问题联系在一起。

10 年前，教练活动逐渐开始从内部获得，由受过训练的内部教练进行，直线经理与员工之间的发展性对话越来越多。同时，教练已经从关注个人发展转变为把团队、更广泛的组织和组织的利益相关者包括在内。

在这些广泛的变化中，教练行业一直在努力地界定教练是什么并确定：

- 谁最适合从事这个行业；
- 教练应该接受哪些培训以及如何对教练进行评估和认证；
- 最重要的是，教练要实现什么成果以及如何对教练的贡献进行评估。

《哈佛商业评论》近期的一篇研究报告提出了以下挑战：“教练领域充满矛盾。教练对于自己被雇用的原因、做的是什么事以及衡量成果的方式存在分歧”（Coutu & Kauffman, 2009:26）。我在其他著作中（Hawkins, 2008, 2009）写到了教练行业面临的一些挑战，本书会一一进行阐述，并会在最后一章进行总结。这些挑战包括：

- 教练“无明确定义，只是各种不同活动的组合”（见第 2 章）；
- 最适合运用教练的领域和时机（见第 2、4、5 章）；
- 为被教练者匹配合适的教练（见第 4、5 章）；
- 教练过度关注个人发展，而没有为组织带来价值（见第 7、8、9、10、13 章）；
- 需要更有效的团队教练（见第 7 章）；
- 通过个人及专业持续发展、督导及评估，不断提高教练的深度和质量（见第 12 章）；
- 需要更好的评估和研究（见第 13 章）；
- 整合和协同整个教练行业（见第 7、14 章）。

结束语

本章从历史发展和行业背景的角度，对过去 30 年来教练在全球范围内的指数级增长进行了分析。这种增长为教练领域和新兴的教练行业带来了新的挑战。此外，2008~2010 年爆发金融危机后，私人企业、公共部门和民间社会组织都需要勒紧裤腰带，严格审查每项开支及其所带来的回报。同时，这场危机不仅仅是经济金融层面的，同时也是品德和价值观层面的危机，一些公司管理层、政治家以及其他身处要位的领导者们的利己行为，已经引起公愤。当前对于有效发展领导力的需求不断增加，而与此同时，对其投入的资源却在减少。教练业做好应对的准备了吗？教练业有很大的机会来应对当前全球形势下的挑战，但只有当教练业能够利用这些挑战来提高自身水平，提升战略性，找到向团队及组织交付可衡量的价值以及帮助领导者及管理者个人提升的方法时，才有可能做到这一点。

对教练业来说，这些挑战既是威胁也是机会。最后一章中，我会阐述面对这些挑战时未来教练领域可能会发生的三种情况。我希望本书能够帮助所有与教练相关的人士抓住机会，在教练所提供的价值方面迈上一个新台阶。

第一编

基础支柱

2　教练文化的定义及关键组成部分

引　言

高管教练要想成功地发展到下一阶段，就必须超越那种保密的、一对一的关注个人发展的方式，成为组织发展过程中的关键部分和贡献因素，为组织创造更多绩效，并为利益相关者带来更多价值。与我交谈过的一位高管说："是时候让教练公开身份，助力更广阔的变革了。"

本章中，我提出了一个总体框架，说明教练业如何在自身发展的过程中跨越这个转型的门槛，以及如何将教练活动与组织利益更紧密地联系在一起。之后贯串本书，我会针对这个框架的各个要素进行探讨。最后，我用示意图的方式展示了这个教练框架的各个部分，以及各个部分所对应的章节。

什么是教练文化

我曾在访谈中问过许多人，在建立教练文化的过程中他们想要实现什么样的成果、对成功有什么愿景。我还查阅了教练文化相关的文献，包括克拉特巴克和麦金森（Clutterbuck & Megginson, 2005）、哈丁厄姆等人（Hardingham et al., 2004）、卡普兰（Caplan, 2003）等许多人的著作。基于这些资料，关于教练文化，我总结出一个激动人心的新定义：

> 当领导者、管理者和员工都能够将教练技术作为一种关键方式用于调动并发展全体员工、调动利益相关者，达到提高个人、团队及组织三重绩效，提升所有利益相关者共享价值的目的，此时组织内就形成了教练文化。

为了给这个定义增添更多色彩，运用第 3 章简要介绍的组织文化的五个层面，我针对之前对各公司的研究做了进一步的梳理，总结出组织教练文化各个层面的可能样貌。

外在展现层面：组织在关键战略及使命陈述中倡导教练的重要性，教练成为所有领导者和管理者的核心技能和能力。

行为模式层面：在一对一对话及团队会议中运用教练方式，促进问题的解决以及团队和个人的持续提升。关注点是团队、组织及利益相关者的集体努力。

心智模式层面：一个普遍的信念是，要让员工发挥最大作用，不是告诉他们做什么，也不需要进行宣扬和解释，而是让他们参与到解决问题和挑战的过程当中，并帮助他们充分思考各种选择的可能性。还有一个信念是，没有谁全知全能，用共同探询取代独立思考，我们可以更好地应对新挑战。

情绪氛围层面：组织氛围充满活力，员工参与度和责任感都很高，每项挑战都被视为新的学习机会，遇到问题通过共同参与来解决。所有员工既承受巨大挑战同时也获得高度支持，组织真正关注帮助个人和团队实现其个人及集体潜能。

动机根源层面：这种文化的源头，是人们不仅致力于自己的终身学习和提升，同时还相信他人、相信他人拥有持续学习的潜力。人们还认为，学习和发展可以提高集体绩效。对对话和集体探索力量的信任，也强化了这些动

机根源。此外人们还相信，大家共同努力会比个人单打独斗创造出更好的发展之路。

本书将探讨在不同类型的组织中，实现以上五个层面所需要的步骤。

创建教练文化的发展阶段

调查显示，相对而言，很少有组织认为从高管教练中获得了充分价值（Jarvis et al., 2006; McDermott et al., 2007; White, 2008; Peterson, 2010b）。给出的原因包括：

- 组织内部对教练的目的不清晰；
- 未能将教练用于最能发挥作用的领域和时机；
- 教练的能力参差不齐；
- 教练、被教练者和直线经理之间未能签订良好的合约；
- 对成果缺乏良好的评估方法。

彼得森（Peterson, 2010b）主要从美国市场的角度，指出组织在聘请外部教练时通常会经历四个阶段：

1. 临时安排的教练活动：由个人驱动；
2. 有组织的教练活动：由教练领头人或组织者驱动；
3. 主动型的教练活动：由业务需求驱动；
4. 战略型的教练活动：由组织的人才战略驱动。

第一阶段，通常是由一些高管的热情推动的，有的是高管因个人受益于教练进而推荐给他人，有的是通过个人推荐或通过认识的人找到教练。组织会突然发现在教练活动上花费了大量资金，这些资金从部门预算中支付，没有任何财务或质量监控。当玛克辛·多兰被任命负责乐购（Tesco）的教练工作时，她震惊地发现，乐购每年在教练方面的支出超过 100 万英镑，但却无法对这些支出的合理性和效果进行监控。

第二阶段，组织一般会任命一位关键人员（可能是一位高管，也可能是人力资源部门或学习与发展部门的高级成员），来领导制定一份集中管理的教练活动计划和费用预算。这一般会形成一些建议，包括将教练与业务规划更好地结合起来，以及更加积极主动地规划哪些人要接受教练和何时接受教练（上述模型的第三阶段）。随着时间的推移，组织可能会将教练与领导力、领导力发展、人才战略以及组织文化变革和其他当前变革进程联系起来，从而在教练方面投入更多的费用。这会使组织进入彼得森所说的第四阶段，即开展战略型教练活动。

耐茨（Knights）和波普尔顿（Poppleton）在为 CIPD（CIPD, 2008）开展的研究中指出，这些阶段不需要依次进行，后面的阶段也不一定更好，因为这取决于组织的类型及其发展需求。他们观察到三种设计教练服务的方式：

- 集中管理和结构化的方式：整个组织内提供结构化、标准、统一的服务；
- 有机灵活的方式：目标是在组织中出现特定需求和偏好时做出响应；
- 定制组合的方式：选择上述两种方法的组合，既保证在服务上有一定的统一性，又能对特定的组织环境和需求做出响应。

他们的研究得出以下结论：

> 对于组织中的教练服务活动，显然不能一刀切。重要的是要清楚地理解教练活动所处的组织环境，从而制定出符合这种理解和意图的可行流程。（Knight & Poppleton, 2008:10）

我同意耐茨和波普尔顿“不能一刀切”的看法，也支持他们所说的要根据组织的具体需求和类型来量身定制教练方法。然而，我认为他们的方式存在一种危险，即在集中和有机之间、结构化和灵活性之间造成固定的两极对

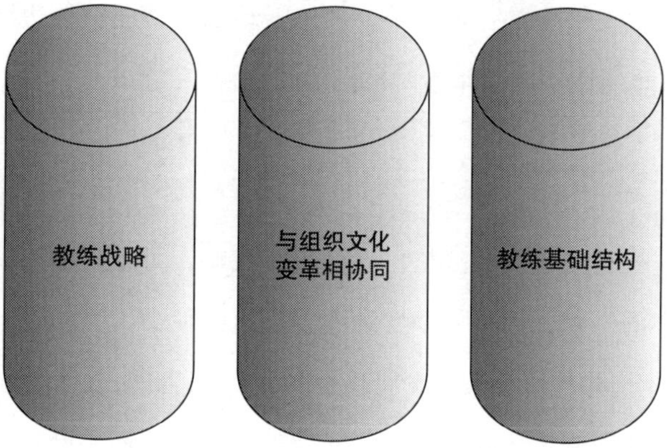

图 2.1 三大支柱

立。我认为，每家投资于教练的组织，迟早都要超越这种“非此即彼”的模式。这并不意味着要形成一个“组合方案”，而是要通过创建三大基础支柱的方式来超越错误的二分法。三大基础支柱（见图 2.1）包括：

1. 创建清晰统一的教练战略，将其与公司使命和当前的业务发展战略相结合，同时鼓励各业务部门灵活运用不同的教练形式，并在教练方法上不断改进、发展和学习；
2. 教练活动要与整个组织文化变革相结合，认识到建立组织文化的过程从来都不是从起点到终点的直线，而是这样一段旅程：理想的情况下，在努力创造改变的过程中对文化有更多了解，并发现哪些方面需要改变；
3. 建立一体化的基础结构，高层和中心在资源方面提供明确的方向和决策，同时身处高层和中心的人员不断学习并了解整个组织和更广泛系统内所有教练活动的发展情况。

构建三大支柱

创建强大、可持续的教练战略和教练文化，需要奠定坚实的基础。我认为，缺少这三大关键支柱中的任何一个，教练活动都可能面临被边缘化或在下一轮组织精简、重组或实施新举措时被淘汰的危险。

1. 教练战略

第一大支柱是创建教练战略。这种教练战略，可不只是组织中成百上千个政策文件中的一个，而是要坚实地建立在组织使命、当前业务战略以及组织发展规划之上，并与所有人才发展政策（领导力、管理、人才等方面）相结合。这个战略需要协同制定，随着环境和实践的发展变化而不断更新，还要传达到组织内的每个人。第 3 章将探讨如何实现这个过程。

2. 教练文化与整个组织文化变革相协同

第二大支柱是要确保所建立的教练文化与组织文化的整体变革保持一致。任何组织想要蓬勃发展，其制定发展战略的速度，都要赶上甚至超过所处经营环境的变化速度。但对组织来说更大的挑战则是，要在制定发展战略的同时以同样的速度发展文化。组织文化无处不在，本质上是因循守旧的，除非精心培育，否则就可能拖累所有形式的战略变革。创建教练文化本身不是目的，而是达到目的的手段。教练文化是创造一种更普遍的持续学习发展文化的关键部分，这种文化将提升所有员工、管理者、领导者、团队和整个组织的技能和能力。但学习发展、技能和能力的提升本身也不是目的，目的是提升个人、团队和组织的三重绩效，进而为组织及其所有关键利益相关者创造更大的共享价值。第 3 章会探讨如何将教练的作用与发展组织文化这项重要任务保持一致。

3. 教练的基础结构

第三大支柱是为工作中所有教练活动打好基础，任务是建立和维持必要的治理和管理机制，确保各方都参与其中，保证持续、稳健、一体化的运转。

这个基础结构包括以下几个关键方面：

- 强有力的发起人/指导委员会。理想情况下，这个委员会要包括：一位高管团队代表；人力资源总监；来自组织内不同业务和职能部门的高管；担当教练的管理者；以及一些年轻的未来领导者，他们代表着一个重要的教练客户群体。重要的是，这个委员会既要有影响力又要引人注意，这样可以证明教练不是临时性项目，也不只是人力资源部门的计划，而是位于组织核心并由高管直接推动。发起人/指导委员会要在所有教练活动中担当董事会角色，从高层的角度提供决策、进行审查，并保证教练活动与关键战略和业务发展协同一致。如同所有优秀的董事会一样，他们要参与到制定教练战略、分配资源、推动质量评估及进展检视的过程当中。
- 管理小组。这个管理小组要推动、协调、整合所有教练过程和活动。小组的构成取决于组织规模和教练发展阶段。至少要有一位全职的教练经理或兼职的教练领头人。但是，过度依赖一个中心驱动力量有很大风险。这个人很快就会感觉负担过重，组织也会过度倚重他一个人的努力、能力和留任。如果他们离任，教练文化的发展就可能会倒退或陷入困境。所以更可取的做法是成立一个小而有效的管理小组。
- 实践社群。良好的治理和管理至关重要，但是还不够，这个支柱的第三个关键部分，是所有教练服务提供者的实践社群。正如我将在本书中所要展示的那样，社群成员不仅仅是一群训练有素的优质服务提供者，他们还要真正成为创建教练文化的合作伙伴，致力于推动整个组织的发展和成功。他们受到业务发展的激励，全情投入，与业务发展整合并保持协同。他们不仅要对被教练者负责、努力提升自身的教练实践，还要致力于推动组织中教练文化及教练社群的发展并提升学习发展的方式。创建这样的社群，需要时间和其他资源的投入。第4~10章中，我会介绍一些组织的成功案例，阐述如何创建和维护这样的社群。

在组织开展教练活动之前，这三大支柱很少能准备到位。事实上，在所调研的组织中，许多都是在意识到已经开展了大量教练活动但却没有任何有效的整合或评估措施时，才关注到需要建立这些基础。

七大步骤

在《教练、辅导和组织咨询：督导与发展》（Hawkins & Smith, 2006）一书中，我们提出了全面创建教练文化所必需的七大步骤，同时也说明了只有极少数组织（如果有的话）成功地将这七大步骤全部落实到位。自写作那本书以来，我与来自不同国家和地区的各种组织建立了联系，对它们创建教练文化的过程进行了访谈和研究。根据所了解到的情况，我对一些步骤的命名稍作修改，同时主要是验证了方法的有效性以及这七大步骤的重要性。

在《教练、辅导和组织咨询：督导与发展》一书撰写完成后的六年时间里，教练行业有了很大发展，特别是在团队教练以及从大量丰富多样的教练对话中收获组织学习成果这两个方面。这两个方面现在是步骤四的主要内容。

这七大步骤并非一定要按顺序实施，尽管我的研究的确证实了这是最常使用的顺序。第 11 章中，我将探讨实施这些步骤的不同路线和顺序。

在坚持发展教练文化的旅程当中，一大挑战是，太容易把注意力集中在许多投入上，而忘记了产出和成果。与许多长期计划一样，在创建教练文化的早期阶段主要是成本投入，而收益则要在之后的过程中逐渐累积起来。一些组织在高管教练或优质内部教练培养方面投入大量资金后，如果未看到业务收益，就会失去耐心。我向一些高管展示了这个七步骤模型，告诉他们，只有进展到教练文化之旅的后面几个步骤时（见图 2.2），才会看到教练的收益产出和业务成果，了解到这些后，他们变得更有耐心，看得更加长远。

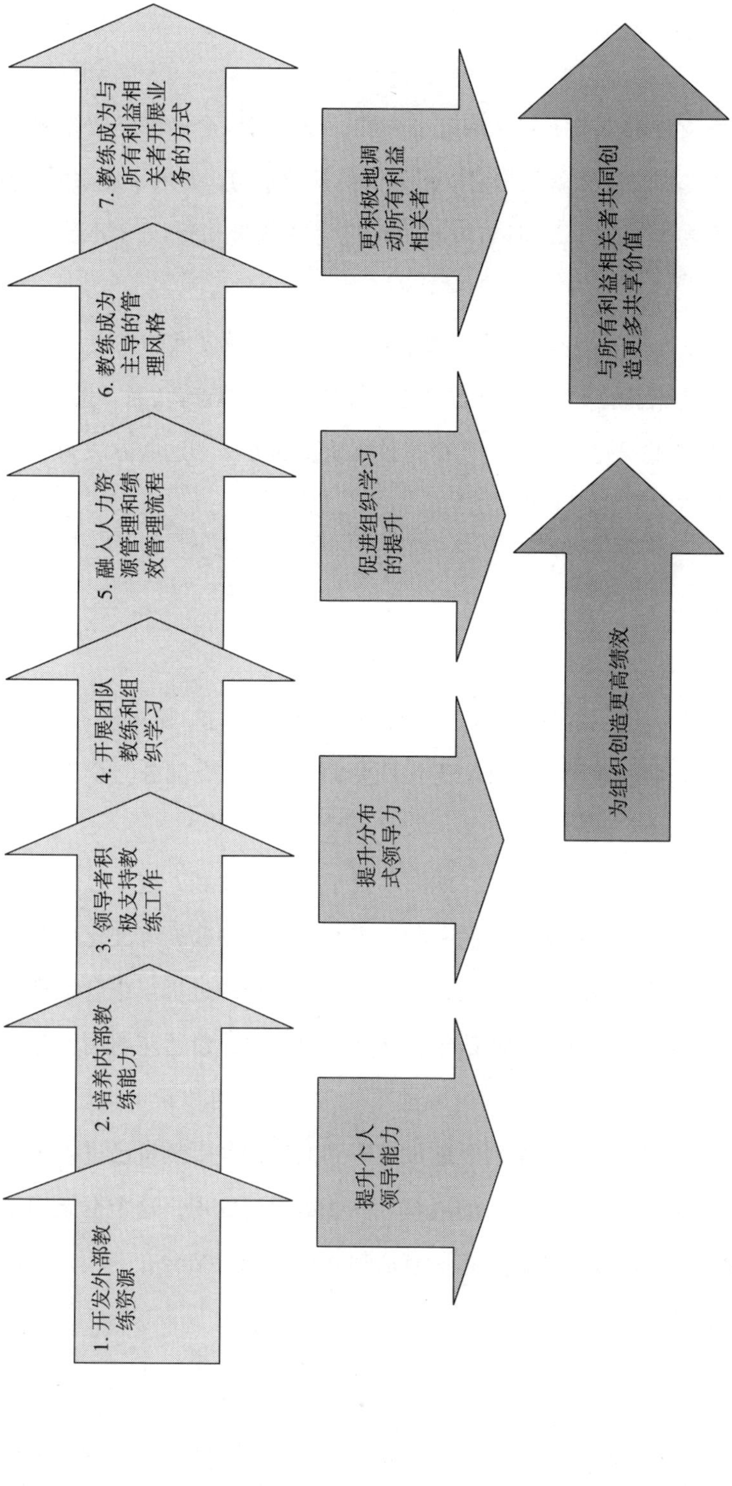

图 2.2　创建教练文化——成果

基石的深度

在三大支柱的支撑下建立起七个步骤，还不足以全面创建教练文化。如果到此为止，那么组织就只是建立了强大的基础结构，开展了许多教练活动，产生了大量的教练方法，但却可能出现把生产数量和确保质量混为一谈的危险。

教练活动一旦开展起来，很重要的是，要借助持续发展的机会、教练督导、教练质量评估流程的支持，不断提升教练技巧，深化教练关系。第 12 章和第 13 章将阐述这些深化教练实践、提高教练质量的方法。这些方法为三大支柱和七大步骤奠定了基础（见图 2.3）。

框架组合

这个框架为组织的教练战略以及创建教练文化的步骤描绘了一幅地图。同时这也是全书的地图，图 2.4 显示了这个框架的每个部分与全书各章的对应关系。

然而，很重要的是要记住，地图不等于实际的疆域，这个过程从来都不是简单和线性的。与我交谈过的一些组织经常说，创建教练文化更像是杂技转盘子，而不是一步步地循序渐进。在实施下一步的过程当中，没有哪个因素保持静止不变，而是要不断给予关注并加以调整，以适应周围快速变化的世界。但是，许多组织都认为这幅地图非常有用，可以帮助自己退后一步，看看在旅途中的位置，注意到之前没有看到的东西，带领自己进入未曾踏足的新道路，同时也认可已取得的成绩。一些组织还发现，这个框架用于教育高管非常有效，可以让他们了解所有活动和举措如何结合在一起，以及整体如何大于各部分之和。

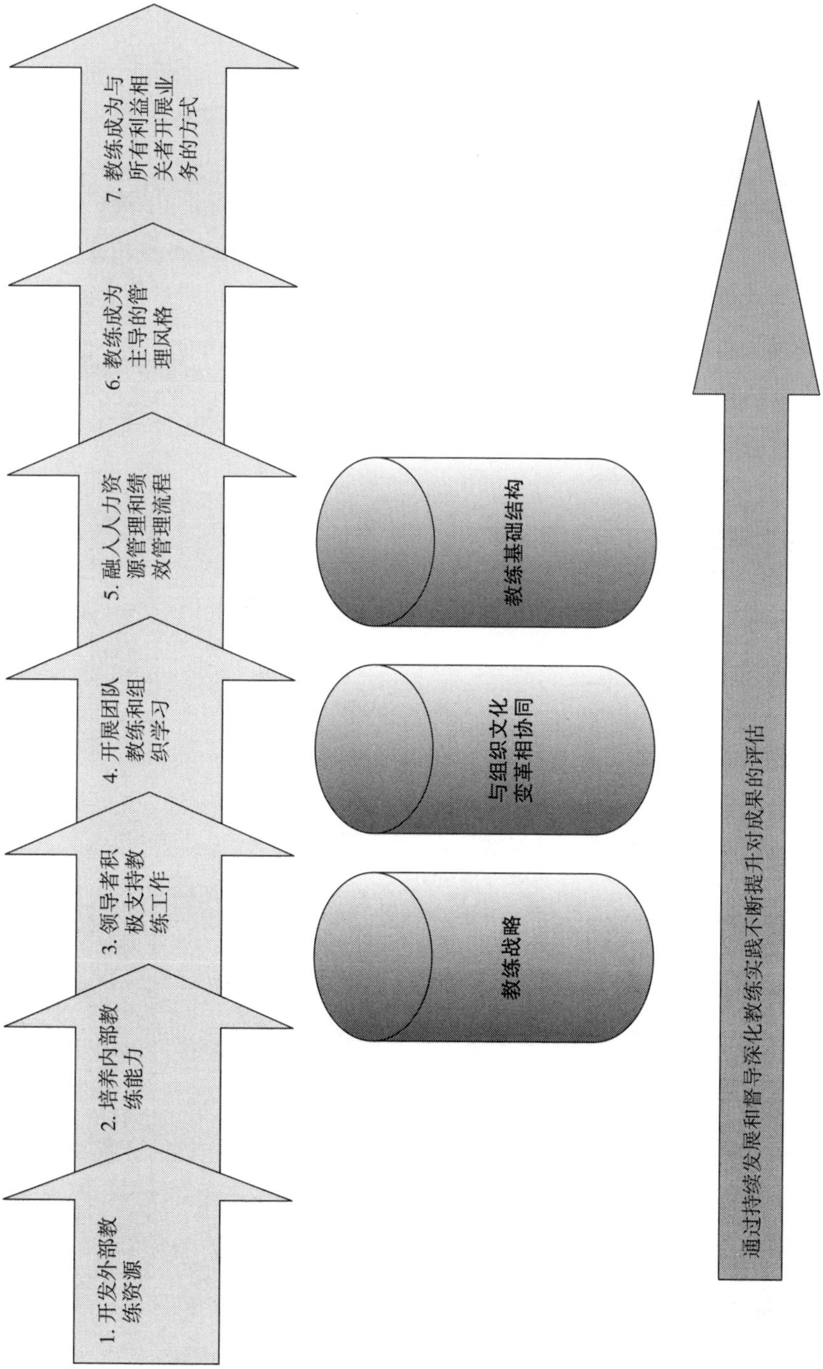

图 2.3 **教练战略：创建教练文化的步骤**

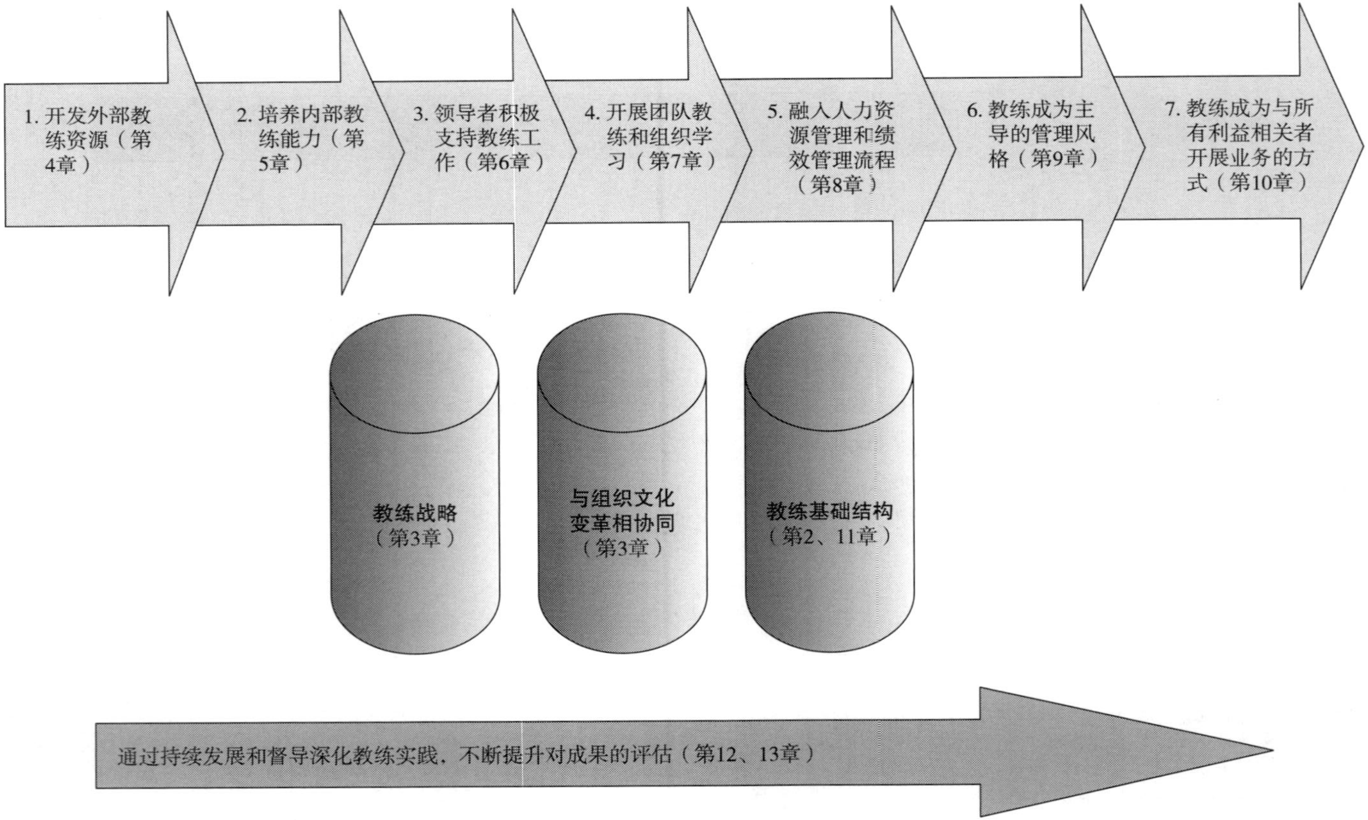

图 2.4 教练战略：本书创建教练文化步骤的路线图

3　制定教练战略，与整个组织文化变革相协同

引　言

本章中，我将概述基于当下组织业务战略和文化变革来创建教练文化的步骤，内容包括：为构建上一章所提到的业务战略和文化变革的三大支柱，整个组织需要采取的两个基础性步骤（下文中的 A 和 B）；负责制定教练战略的人员需要采取的八个步骤；同时还会运用一些领先组织的示例对这些步骤进行说明。

A. 确保教练战略要建立在清晰的业务战略基础之上

如果未先行明确必要的战略基础就制定教练战略，那是很愚蠢的。我经常发现，由人力资源部门或其顾问苦心制定的教练战略，仿佛存在于真空当中，与组织的使命、业务战略、组织发展战略或领导力及人才战略没有任何整合。这些教练战略常常是基于这些人自身对教练的热情以及一两位主要发起人的支持制定的。教练战略本身永远不是目的，只是达到目的的一种手段。如果没有与业务明确地联系在一起，这些举措将难以为继，而且即便能够继

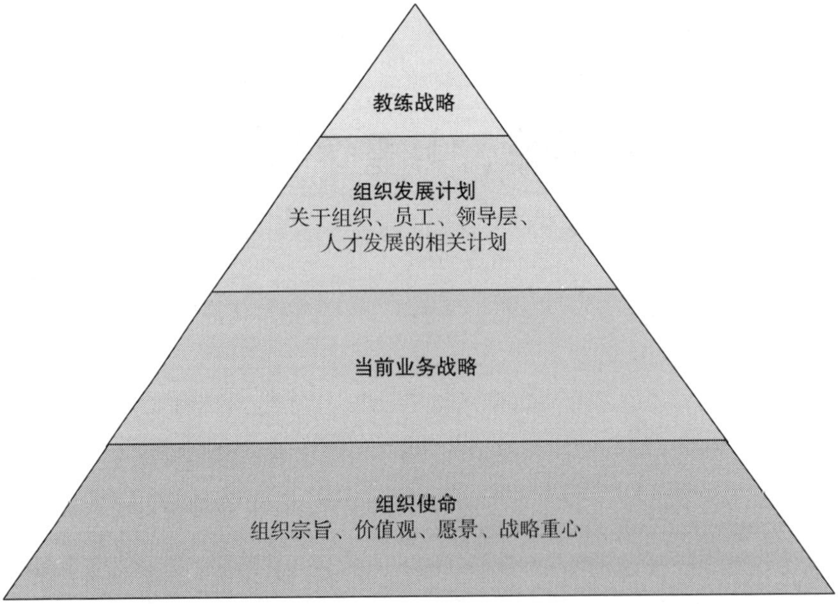

图 3.1 教练战略的基础

续推行，也无法实现充分的业务收益。良好的教练战略需要立足于组织使命、业务战略和组织发展计划的基础支柱之上（见图 3.1）。这些将为探索组织所需要的教练战略奠定基础，正如安永会计师事务所（Ernst & Young）在 2007 年 11 月发布的《教练白皮书》中所阐述的那样。

案例研究：安永会计师事务所的教练业务案例

作为一家专业服务公司，我们意识到人才是我们最重要的资产。如果我们能够改善那些吸引、培养以及激励员工的方式，我们就能够提高效率、质量和客户服务水平。

安永的全球定位明确表明，为发挥我们所服务的客户和社区的潜力，我们需要充分发挥员工的潜力。而充分发挥员工的潜力，就需要我们激发出一种文化，让员工在快速变化的环境中得以提升和成长。

我们的业务研究表明，通过将真正的教练文化……融入我们管理员工的方式当中，我们可以期待达成以下成果：

- 提高支持员工发展技能和发挥潜力的效率。
- 帮助员工适应新的挑战、角色转换和变革。
- 减少员工离职率。
- 吸引新人才加入组织。
- 提升业务绩效。

B. 开展必要的文化变革

组织要想取得成功，每次进行重大战略变革时，都必须关注如何改变文化以实施新战略，因为正如彼得·德鲁克生动表述的那样："文化可以把战略当早餐吃掉"（福特汽车公司总裁马克·菲尔兹也这样说过）。未能解决组织文化问题，是组织转型工作屡遭失败的一个主要原因。这同时也是大多数并购未能达成财务目标以及为什么知识管理战略失败的一个主要原因。

组织未能解决文化变革问题的一个主要原因，是文化难以定义和衡量。组织文化是一个广泛使用的概念，许多人自以为理解文化是什么，然而文化却是微妙、难以捉摸的。这是因为文化不是一件可以拿出来加以衡量的物品，而是一种渗透到组织方方面面的连接模式。正如中国俗语所说的那样，"鱼在水中不知水"，组织很难认识到自身的文化。自身的文化会被认为是理所当然的，也是自己看待世界方式的一部分，因此很难跳出来置身事外地进行正确评价。许多关于文化的定义，将这一概念局限于组织中人们的行为。最普遍的一个定义是："这里的做事方式"（Ouchi & Wilkins, 1985）。尽管文化可以通过组织中的行为模式来体现，但在更深层次上，文化根植于组织的共同意义建构、动机、假设和情绪之中。

为便于理解，我给出了以下定义：

> 文化是当你在某处工作超过三个月后，就不会再注意到并视为理所当然的东西。（Hawkins, 1997）

基于埃德加·沙因（Schein, 1985）和其他人的研究成果，我开发了一个五层视角的方法（见 Hawkins, 1997; Hawkins & Smith, 2006），用来观察组织文化（见图 3.2）。

另一个局限性的视角是，组织文化往往局限于观察组织内部发生的事情，而未认识到组织文化是在与众多利益相关者的大量互动中形成并不断变化发展的。有鉴于此，我现在提出一个新的组织文化定义：

> 文化存在于组织重复的习惯性联结方式中。文化不仅存在于组织内部，更重要的是存在于与所有关键利益相关者的关系模式中（活品牌）。

我合作或研究过的大多数成功组织都认识到，需要根据不断变化的战略

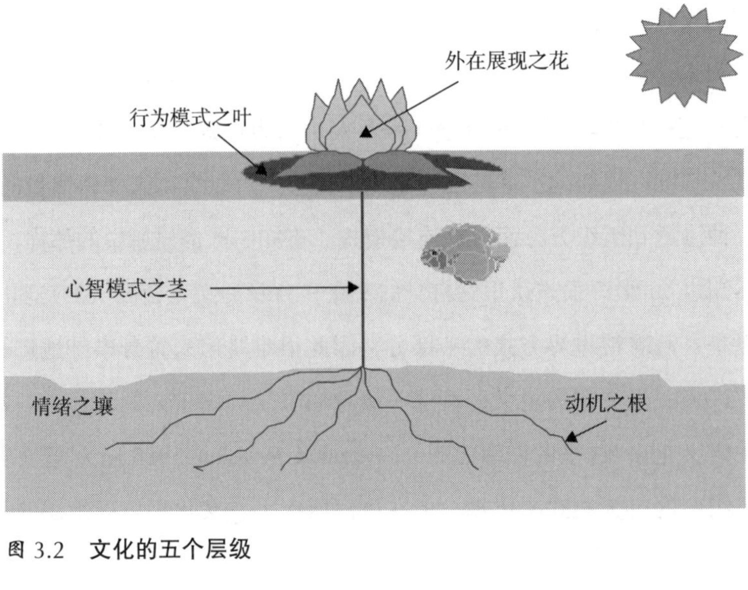

图 3.2 **文化的五个层级**

方向持续发展文化，而战略方向又需要不断变化以满足所有利益相关者不断变化的需求。所以，组织文化变革是组织的敏捷性和转型的一个关键方面。创建教练文化不是独立的变革举措，必须服务于组织的整体文化变革。在第 11 章中，我在介绍“关系价值链”的概念时会进一步探讨这一点。关系价值链可以提供一种总体方法，将教练与整体文化变革联系起来，同时也将组织的响应与其所处的不断变化的世界联系起来。

教练战略研讨会

在帮助组织制定教练战略的过程中，我通常会将教练负责人、关键的人力资源总监和经理、一些直线高管以及未来领导者组织起来，举办一个研讨会。

为了使这次研讨会取得成功，很重要的是，我们要从广阔的组织蓝图开始，“由外而内”展开探索。我通常会先将使命、战略和组织发展计划等所有这些要素都挂在周围的墙上。这需要把创建教练战略的重要基础都包括进来（见图 3.1）。此外，在墙上我还会挂一张这家组织的整个文化变革之旅的地图。

所有这些要素，为探索教练如何为组织的发展和成功做出最大贡献提供了背景信息。

1. 探索外部视角和需求

为了让这些信息更加生动，我会请参加研讨会的人员分为两到三人的小组，每个小组分别代表组织所处更广泛系统中的各利益相关者。我会请他们站在某个具体利益相关者群体的立场上，说出自己欣赏这家组织的哪些方面，认为哪些方面存在问题，以及希望这家组织在哪些方面有所改变。然后，小组对来自各利益相关者群体的重要信息进行总结，包括欣赏之处以及需要做出改变之处。

2. 探索内部视角和需求

接下来就可以考虑组织内不同群体的视角和需求了，这些群体包括高管、管理者、支持性职能部门、一线员工等。同样，将研讨会成员分成小组的形式也很有用。每个小组分别站在某个群体的立场上，提出需要做出哪些改进，才能帮助他们为促进组织发展做出更多贡献，更好地满足利益相关者的需求并实现组织的战略目标。

通过这个过程，我们就能够以终为始，知道教练要帮助创造什么样的改变。我会请研讨会成员对内容进行总结，然后再看看目前正在发生的事情。

3. 描绘已经发生的事情——这可能超乎想象！

教练战略不应该只关注未来，还要关注组织想要实现的成果已经如何在组织内的某些部分有所展现。为此，组织要开展"欣赏式探询"，发现组织内的教练活动在各方面的最佳实践。

> 欣赏式探询借助寻找"当下"最好的方面，来点燃关于"未来"的想象。其目的是产生新的认知，扩展"可能性"，帮助组织的合作伙伴想象共同期望的未来，然后以一种能够成功地将意图转化为现实的方式实现愿景。（Cooperrider & Srivastva, 1987）

这包括寻找一些良好的绩效管理和人才发展方式、有效的团队发展的案例以及非正式培训和发展谈话，在这些谈话当中，领导者和管理者并不知道自己所做的也算是教练。

4. 明确个人教练及团队教练的最大贡献领域

有时我会使用一个大的鱼骨图来（见图 3.3）引导教练战略的制定过程。我会请参与者把组织最重要的抱负和目标放在鱼头的位置；而在鱼尾的位置，我会请他们写下目前已经开展的所有教练活动。这样留出的鱼身部分就清晰

1. 组织的战略目标和发展抱负
2. 教练工作目前的状态
3. 在时间轴上列出到达目的地的建议和步骤
4. 需要开展的主要教练活动
5. 每项教练活动的关键因素

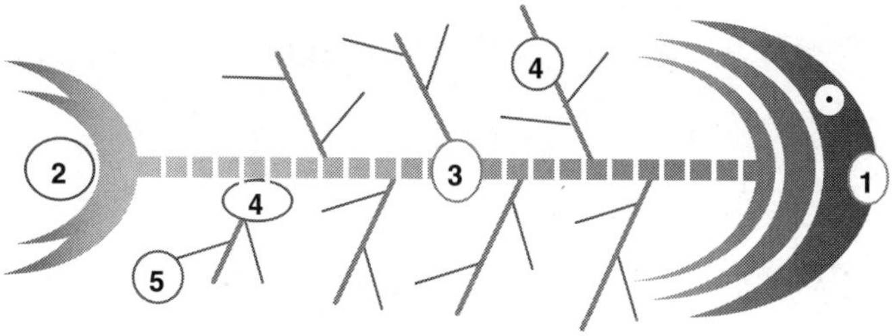

图 3.3 **战略构建鱼骨图**

地显示出，为了能够为组织的发展和成功做出更多、更协同一致的贡献，在下一阶段要开展哪些教练活动。

在小组开始填写最有助于完成从鱼尾到鱼头之旅的关键教练活动之前，很重要的是，要先探索一下教练可以在哪些领域贡献价值。小组可以通过头脑风暴的方式生成这些可能性。以下列出的是一些可能出现的领域：

- 领导力发展；
- 支持新聘领导者“走马上任”，加快提升其为公司创造价值的能力，提高留任率；
- 培养管理者；
- 为职业转换做准备；
- 采用教练方式做绩效评估和员工发展回顾；
- 支持新晋领导者在新岗位上加快创造价值的速度；
- 培养高绩效高管团队；
- 改变领导力文化；
- 董事会发展；

- 培养协同一致的高绩效客户管理团队；
- 更高效的项目团队以及更好的变革举措。

列完清单后，研讨会参与者就可以进行优先级排序，选出他们认为的从鱼尾到鱼头（也就是，从现在到达成所期望的组织成果）这个过程当中，可以做出最大贡献的那些领域。

将优先级最高的那些领域沿着鱼的脊骨放置。鱼的脊骨就是时间线，先着手的领域放在靠近鱼尾处，后着手的领域放在靠近鱼头的方向。时间线上可以标上具体日期，由小组来决定希望完成这些活动的速度。使用记事贴会很方便，制订计划的过程中可以随意挪动。

鱼脊骨上的内容确定之后，就可以将研讨会参与者分成小组，每个小组选择一项关键优先活动，讨论并完善鱼刺部分的内容，包括：这项活动需要包括哪些重要方面，一些早期明确的步骤，一些能快速实现的成果，以及将由谁来领导、出资、负责这项活动。各小组讨论完成后，向大组展示自己的创造性成果，并把这个鱼刺部分加到鱼脊骨上，放在所在的时间线位置。

在这个阶段，其他研讨会参与者可以对这个计划进行添加和补充。同时，整个大组会看到不同活动之间的关联，可以探索如何将这些活动进行最有效的整合。

第 4~10 章中有大量的资料和最佳实践案例，可以支持这些行动领域的发展。

5. 教练活动要与组织、团队和个人三个层面的其他发展活动相协同

有一种危险是，开展教练活动和创建教练文化会被视为当下的流行风尚或当年的举措，就像之前的许多其他举措一样，被人力资源部门下一年的好主意所取代，消失得无影无踪！还有一种危险是，教练战略成为有时所说的“计

划多得要命”的一部分，“计划多得要命”指的是组织里的人遭受彼此脱节的举措的连番轰炸。为避免这种情况发生，很重要的是，教练战略要始终与组织内其他变革项目相关联，而所有这些变革项目又都要与组织使命和战略相联系。教练战略和政策要展示出如何帮助组织实现其目标和变革计划，以及教练作为一种工作方式要如何与组织达到成功所需的方式保持协同一致。所以，很重要的是，鱼骨图教练计划完成后，研讨会成员要暂停一下，重新关注组织中当下的所有其他活动和举措。然后他们就可以探讨如何确保这个计划不仅与其他计划很好地协同，而且在可能的情况下与之整合。

6. 商讨和试行

教练战略研讨会结束时，可以制定战略及计划草案，但不要马上公布实施。要有一段时间进行商讨和快速试验，对计划中的各项要素进行测试，进一步了解如何实施最好。针对计划草案的商讨和反馈可以面向诸多不同群体：高管、管理者、潜在教练客户、潜在供应商以及其他正在进一步发展教练文化的组织。

与我交谈过的几家组织明智地决定，在公布教练战略之前，先进行一些试验性的教练举措，对其进行评估并从中学习。有一家组织的一位成员说道，如果你还没有做好排兵布阵就贸然树起战略大旗，那你就是找打！这呼应了我之前在谈到变革管理时使用的一个早期用语：“质疑之声在言辞与现实之间的裂缝里滋生。”

另一家组织的一位成员说道：

> 如果我们只是公布计划和愿景，那就会被嘲笑为只是又一项人力资源计划，招来质疑和漠视。而如果我们能够拿出在一些在业务难题中所取得的成果，那就会让人们刮目相看。

其他几家组织的成员则谈道，非常重要的是，要确保能够证明教练活动与最佳领导者及优秀管理者的绩效提升之间的关系，从而让教练不会被视为一种补救性措施。

7. 形成教练战略文件

当计划得到关键群体的响应并取得一些成功之后，组织就可以制定教练战略了，明确组织中实施教练活动的原因、内容、方式、人员、地点和时间。

教练活动的风格和形式要与组织风格相匹配。在我访谈过的一些组织当中，有的采用 PowerPoint 幻灯片的形式，另一些则采用简短的文字说明的方式。无论使用哪种形式，表述都要简洁清晰。同时，还要展示出教练是如何与整个组织的使命、业务战略以及整体发展相结合的。综合我审查过的各种教练政策和战略，我建议编写一份简短的文件，包括以下内容：

1. 介绍本组织对教练的定义以及为什么认为教练有助于组织成功。
2. 组织使命。
3. 当前业务战略概述。
4. 文化变革之旅和组织发展计划的关键要素。
5. 以上内容如何与员工战略包括领导力、管理者和人才发展计划联系起来。
6. 教练在支持这些发展计划时可以发挥的关键作用。
7. 教练活动希望为组织、组织发展以及组织内的领导者、管理者和团队提供的成果。这些成果要足够具体、可衡量，可用于评估教练投入的效果（见第 13 章有关评估的内容）。
8. 会为个人、团队和整个系统提供什么样的教练活动，以及管理者和领导者个人如何获得这些教练机会。
9. 教练活动提供者——包括外部教练、内部教练和直线经理。
10. 这种教练活动特别针对哪些方面以及为什么。
11. 教练过程会如何进行。
12. 如何检视和评估教练活动。

案例研究：英国外交与联邦事务部（FCO）

这个大型政府部门一直招聘本国最聪明、受过最好教育的毕业生。他们之前拥有一套完善的职位结构和等级体系，员工可以逐步晋升。但是，全球环境需要的却是更大的敏捷性、更好的人际关系技能、更强的跨文化能力以及更高的工作协作度。这个事务部希望员工队伍更加多元化、拥有更高的情感和关系技能，同时还希望转变文化，所有领导者和管理者都担当起培养下属的责任。

FCO 2010 年的教练战略，首先是将教练活动与人员战略、组织宗旨和战略联系起来。

这个战略的目的是：

- 为我们的教练活动提供一个连贯的**框架**，与人员战略（目标 1）以及其他学习和发展计划相联系；
- 追求**"物有所值"**，将教练投入**重点**放在优先领域，在能产生最大影响力的地方安排昂贵的高管教练；
- 提出可以更广泛、更深入地**让组织受益**的教练方式，而不仅仅是将教练活动作为一对一的发展措施；
- **向员工传达**教练活动的目的和可用性以及教练与诸如培训、在职指导和辅导等方式之间的区别。

我们在 FCO 所使用的教练定义，适用于专业的一对一教练、直线经理与员工之间的互动以及团体或团队教练：

> **"教练旨在帮助释放潜力、提升绩效，所运用的方式主要是非指导性的结构化讨论。"**

我们的教练活动直接支持人员战略即目标 1：

> “建立和装备一支充满活力、灵活而专业的员工队伍并给予奖励，以实现FCO现在及未来的目标。培养一种文化，让员工能够展现出我们想要的行为：我们在公共服务上的传统价值观即诚实、专业、团队合作和正直；再加上更大的抱负、创造力和信心，以及正确的风险态度。”

就这样，FCO将教练战略与文化变革计划及领导力发展战略协同起来。FCO还展示了通过将更多教练投入从外部教练转向内部教练来创造更高的性价比，但同时也表示会聘请外部教练督导师，对内部教练进行定期督导，以此来确保教练质量。

8. 实施并持续检视和重新评估

教练战略制定完成后，组织就可以持续实施教练活动，使教练战略成为整个组织战略和文化变革过程的一部分，并为之做出贡献。然而，组织还需要基于战略实施过程的学习成果以及整个组织及组织所处环境的不断变化，对教练战略进行持续的检视和评估。此外，在尝试改变组织文化的过程中，会对组织文化有更多发现。

结束语

为了使教练战略保持活力而不会被高管搁置尘封，战略计划必须能够应对突发情况、具有适应性，能够根据实践中的发现而不断发展。现在我们已经探讨了创建教练战略以及将教练活动与组织的整体文化变革相协同这两大支柱。这两项各自独立但又相互关联的活动没有严格的先后顺序之分。制定教练战略和创建教练文化，是两个并行、相互交织的过程。战略，就像是一幅好的地图，在旅程中的每个阶段给出指引，但战略毕竟只是代表实际疆域的地图而已，充其量能提供一些一知半解的信息就不错了。随着旅程不断推进，必须对地图进行修改和重绘。同时，随着旅程不断推进，会有新人加入到队伍当中，这时就需要重新制定战略以融入这些人，而且还要使用他们认同且理解的语言来描述。

对组织来说，制定高质量的教练战略、创建优秀的教练文化，不是一个简单或快速的过程。但是，系统地创建出一种文化，让教练成为处理日常关系的一种方式，其回报是，不仅可以提升组织绩效，而且还可以改善组织的价值创造过程。这段旅程需要投入大量时间和金钱，同时为了使这些投资能够持续数年不会中断，需要一些持续的衡量和评估流程，而衡量和评估的内容，不只是活动产出和能力提升，还要包括一些更切实的成果。许多领先的中小型和全球化公司，正在从聘请外部教练发展到培养内部教练，再进一步发展到确保“教练是我们的管理方式”，并将其融入组织流程和系统当中。正是借助他们的故事，接下来我将介绍创建教练文化的七大步骤。

第二编

七大步骤

4 步骤 1：建立高效的外部教练小组

引 言

并非所有组织的教练之旅都从聘用外部教练开始，但聘用外部教练确实是最常见的起点。正如一位高管所说的那样：“我们要先接受高质量的教练，然后才能自己做好教练。”的确，我认为学会成为高效、积极主动的被教练者，是成为高效教练的第一步。

许多组织最初是以非正式或临时的方式聘用外部教练。高管个人询问人力资源部门谁能给自己提供教练服务，或者是自己通过个人推荐找到教练。开始时这样也可以，但一旦规模迅速扩大，组织就会发现，已经以不同方式和费用水平聘用了大量外部教练，而教练品质却参差不齐。同时，在这种情况下，个人教练和组织发展之间也不太可能有很强的联系。在本书前言中，我曾引用过一家大型零售商教练负责人的话，她在接任这个职位时发现，这家组织在教练方面的花费超过 100 万英镑，但却不知道这些投资是如何管理的，也不知道从中获得了什么回报。当她在一次创建教练文化的会议上分享自己的这段经历时，其他许多与会者也表示赞同。

渐渐地，组织开始减少外部教练的聘用，聘用方式也更加统一，并保证教练与组织的战略方向及组织发展相一致。实现这一点的方法有许多。以下介绍一个我开发的模型，这个模型是基于我所见到的一些最佳实践开发的。

开发外部教练资源的步骤

组织如果决定走上系统化发展教练的道路，那么无论是采取集中管理、结构化的方式，还是使用定制组合的方式，在安排外部教练的供给、确保组织获得最大回报方面，以下 9 个步骤会很有帮助（见图 4.1）。以下我详细介绍每个步骤。

1. 诊断并明确需求

组建外部教练小组时，负责这项任务的内部管理者要做的第一件事，就是按照第 3 章列出的方式，以终为始地与组织一起制定有效的教练战略。通过回答那些问题，确定了想要取得的成果后，诊断就可以进入到“如何实现”部分，此时要回答以下问题：

- 帮助组织的领导者和管理者实现这样的转变，需要什么样的发展旅程？
- 在这个发展旅程当中，教练活动将如何发挥作用？
- 在这段旅程当中，我们希望教练带来哪些具体成果？

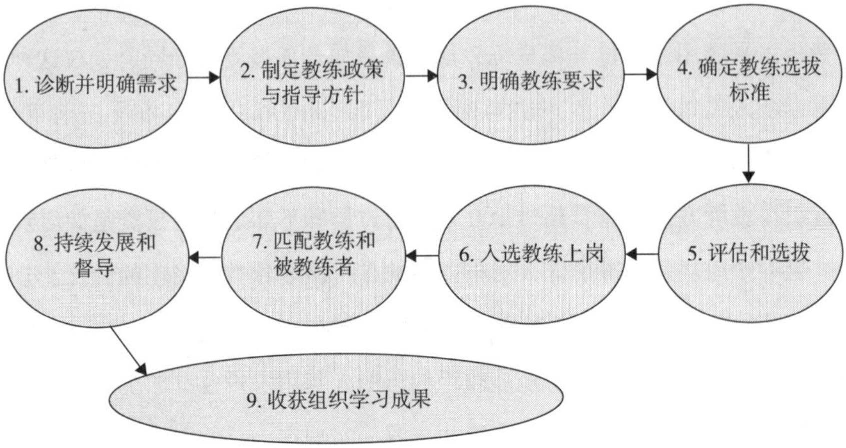

图 4.1　建立和开发高效外部教练资源库

2. 制定教练政策与指导方针

对以上问题的回答，就形成了组织教练政策的基础。教练政策建立在教练战略基础之上，为教练活动如何进行以及教练如何帮助组织向前迈进提供更多细节性指导。这些内容可以开发成一份有用的教练指导方针信息表，供公司内所有管理者使用。教练政策应该包括：

- 目的：组织聘请外部教练的目的，以及与组织当前的业务、领导力及变革战略的联系（见第3章）；
- 定义：本组织对教练的定义；
- 人选：哪些人适合接受外部教练服务，以及组织聘用哪些人作为外部教练；
- 时机：何时教练最有用（例如，职位转换、与领导力项目相结合、为未来职位做准备等）；
- 方式：被教练人选的申请或选拔流程、教练匹配的方法，以及教练签约、检视和评估的方式；
- 期望：在教练活动能够带来的业务成果、绩效成果以及个人成果方面，组织的期望以及个人可以持有的期望；
- 渠道：去哪里获取更多信息或找到教练资源（例如，与直线经理、人力资源人员、教练经理等进行绩效或发展评估对话）。

汤森路透高管教练服务部门制定的教练政策和指导方针是一个很好的例子，对于服务于该公司全球各业务部门的人力资源员工以及在线寻找教练的高管都非常有用：

> 这些指导方针的目的，是明确安排高管教练的合适时机以及如何运用这种发展方式达到最佳效果。
>
> 指导方针包括以下几点：
>
> 1. 什么是高管教练；

2. 何时考虑使用高管教练；
3. 如何确保教练项目有效；
4. 如何安排高管教练；
5. 高管教练的费用；
6. 如何确定聘用哪位高管教练；
7. 人力资源的作用。

3. 明确教练要求

在确定了“目的、定义、人选、时机、方式、期望、渠道”之后，我们就可以考虑哪些教练适合本组织这个问题了：

- 什么样的教练和教练活动最能为组织提供所需的成果？
- 什么样的教练履历最适合我们组织？
- 教练需要什么级别的经验、培训和资质认证？
- 在保持足够的差异化以挑战领导者帮助其转变的同时，需要与我们的组织有哪些方面的匹配？

4. 确定教练选拔标准

组织可以通过多种途径查询到高水平教练的通用标准。许多专业教练机构，例如专业高管教练与督导协会（APECS）、教练协会（AC）、欧洲导师与教练委员会（EMCC）以及国际教练联合会（ICF）等，都提出了自己的标准。许多教练书籍都有关于教练技能、能力和才能的详细章节（见 Hawkins & Smith, 2006, 第 12、13 章；Passmore, 2010）。每家组织都可以根据自己的教练需求对这些方法进行修改。

担当高管教练，要具备三项基本而整合的教练能力，我称之为“三脚凳”（见图 4.2）。三脚凳的第一条腿是教练技巧以及建立和维护有效教练关系的

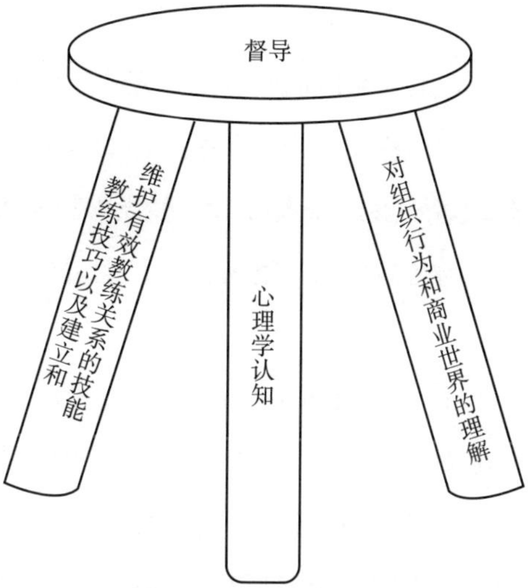

图 4.2 **教练三脚凳**

技能。每位教练都要完成专业教练培训，并积极参与持续的个人和专业发展。第二条腿是心理学认知，尤其是在成人学习和发展、人格类型、学习偏好等领域，也包括心理状况方面，因为可能需要为教练客户推荐其他专业人士。第三条腿是对组织行为和商业世界的理解。以前担任过高管、已完成 MBA 或获得其他商业或组织行为资格认证的教练，都可能满足这项要求。

这只三脚凳要起作用，三条腿就必须连接起来，而良好的教练督导则作为凳面起到连接作用，但前提是，教练督导师本人在所有三条腿上都拥有丰富经验（见 Hawkins, 2006, 2010, 2011b; Hawkins & Smith, 2006; Hawkins & Schwenk, 2011）。将三条腿连接在一起，还需要教练具有良好的系统性理解，可以识别并关注到个人、团队、部门、组织、更广泛的利益相关者之间的相互联系以及系统动力（见 Hawkins, 2011c）。

5. 评估和选拔

很重要的是，组织不仅要清楚需要什么样的教练（教练画像），还要清楚所需要的教练人数和聘用条件。如果这些问题不确定，那么组织就有可能浪费自身以及潜在教练人选的大量时间和资源。完成这些步骤后，组织所采取的招募方式，应该只吸引那些相对合适并感兴趣的教练提出申请。但是，如果标准定得过于苛刻或者不够鼓舞人心，一些优秀教练可能不会提交申请。直接联系那些已被公认为是高效而合适的教练，邀请他们提出申请，这样做会很有成效。

许多组织对注册申请的教练人数感到吃惊。例如，汇丰银行（HSBC）2008 年的教练小组有超过 350 多位教练申请加入。英国国家医疗保健系统研究所（The NHS Institute）2006 年的第一个教练小组有 150 多位申请者，而 2009 年的第二个教练小组则收到了 1152 份意向书和 328 份完整申请，这样的选拔过程真是令人望而生畏！选拔的第一项任务，是根据所期望的教练画像给申请者打分。表 4.1 是教练画像表示例，摘自我看过的几个表格。使用这样的评分表，可以筛选出初步入围名单。

根据组织能够投入的时间和资源，可对初步入围者采用多种不同的选拔方法：

- 教练简要介绍自己的教练方法、所使用的模型和流程，以及他们认为自己能为组织增加价值的原因；
- 与人力资源经理、教练经理以及可能接受教练服务的高管进行一次或数次深入面试；
- 给组织内的一位志愿者做现场教练，以供观察；
- 请教练对面试及教练过程做一次书面的总结反思；
- 准备一些在教练过程中可能出现的情况，请教练以书面或口头方式回答处理方法；
- 与教练的督导师面谈，获得口头推荐（英国国家医疗保健系统研究所在 2009 年将此方式作为评估的一部分）。

表 4.1 **教练画像表示例**

内容	A. 所需条件	B. 申请者得分	C. 权重	D. 加权得分 （B×C）
1. 以往教练经验				
2. 参加过的教练培训和近期个人及专业持续发展（CPPD）				
3. 相关业务 / 行业经验				
4. 商业资质				
5. 专业机构的会员资格				
6. 职业保障保险				
7. 心理学训练或经验				
8. 专业督导				
9. 使用的教练模型				
10. 处理职业道德困境的能力				
11. 与企业内部理念相匹配的品质和个人特质				

还要记住的是，优秀的教练会经历许多这样的选拔过程，因此如果选拔时间过长、要求过于苛刻，一些优秀的教练可能就不愿再继续进行下去了，而且还会增加教练的职业成本，最终反过来也会增加组织的教练成本。

很重要的是，面试者借助一些问题，不是检验教练的“教练面试”能力，而是要找出每位被面试教练的优势、劣势及其具体的教练方式（McGurk, 2008）。在对一家国际银行的选拔过程进行审查时，我询问他们：是哪些问题帮助他们将入选教练（被面试教练的 33%）与落选教练（67%）区分开来？他们给出了两个开放性问题：

- 请描述一个你在教练过程中遇到过的道德困境，以及当时你是如何处理的。

- 请举例说明，某次你运用督导改进了给客户的教练服务。

他们告诉我，能就这两个问题给出有意义回答的都是同一类教练。

在这家银行的教练评估过程中，区分出成功教练的另一个因素是，他们所描述的教练方法与实际教练演示中所使用的是否一致，即他们所信奉的理论与所使用的是否一致（Argyris & Schön, 1978）。

在开展英国特许人事与发展学会（CIPD）教练督导研究项目（Hawkins & Schwenk, 2006）时，我们发现，除了询问教练是否正在接受督导之外，还必须要问的是：

- 你接受谁的督导？
- 你多长时间接受一次督导？
- 介绍一下，某次督导如何改变了你与客户的合作方式？

许多组织还选择将外部教练的选拔或外部教练小组的管理外包。有时组织会将这两项工作外包给同一家教练服务提供商，以确保所有教练持续符合必要的标准，并能根据组织的需要接受督导。这种做法尤其适用于大型全球性组织，这些组织在建立全球教练小组的过程中发现，在招募教练、评估教练质量、保持协同方面都存在很大困难。

> 2010 年，卡罗尔·布拉迪克（Carol Braddick）进行了一项关于“高管教练选拔趋势”的研究，参加这项研究的有 40 家大型甲方组织以及近 300 位经验丰富的高管教练。她的研究表明，大多数甲方及教练都看到在教练选拔方面越来越严格，而且甲方对教练活动及其如何增加最大价值有了更深的认识。
>
> 布拉迪克发现，组织在寻找高管教练时所考虑的最重要的因素，按优先程度排序如下（括号中的数字，前一个是认为该因素必不可少的组织所占的百分比，后一个是将其评为“有益”的组织所占的百分比）：

- 来自可信来源的推介或引荐（53%，45%）
- 商业经验（运营自身教练业务的经验除外）（53%，38%）
- 教练模型与方法（48%，40%）
- 接受优秀督导师的督导（40%，35%）
- 持续专业发展的记录（35%，45%）
- 教练资质（33%，55%）
- 由教练学校或专业协会颁发的资格认证（33%，53%）
- 专业协会的会员（26%，51%）
- 教练的个人知识（25%，55%）
- 对教练领域的贡献（5%，53%）

这印证了安德希尔等人的早期研究（Underhill et al., 2007），该研究表明，组织更看重外部教练的商业经验，而不是他们的教练资质。

布拉迪克发现，关于选拔过程，组织和教练最喜欢的方式是背景审查，其次是面试，而评价中心的使用要少得多，而且关于其好处产生了严重的两极化观点。40家组织中只有3家使用了评价中心，另有6家正在考虑使用。超过一半的教练表示，参与评价中心的活动让自己获得了有价值的洞见，而其他教练则明确表示，如果组织使用评价流程，自己则不会申请成为其教练。

6. 入选教练上岗

最佳实践组织在成立教练小组时，会确保举办某种形式的活动，如就职会、简报、“上岗”仪式等。这项活动要由一位高管来负责，这位高管会在组织使命（宗旨、战略、核心价值观和愿景）的背景下设定教练活动的要求，说明教练如何为所服务的组织及客户个人两个层面增加最大价值。这个活动还要包括以下内容：

- 实施教练活动的过程：教练匹配、初次会议、三方签约、检视、评估、报告等；
- 组织中在使用哪些反馈和心理测量工具，如 360 度反馈、迈尔斯－布里格斯人格类型测试（MBTI）、人际关系基本取向行为测试（Firo-B）、贝尔宾团队角色等，这些工具如何获得以及在教练中如何使用；
- 使用什么评估标准和反馈流程来评估教练活动和教练本人；
- 如何从教练活动中收获组织的集体学习成果以及教练将如何参与其中；
- 一般性合同安排，包括保密、利益冲突的处理、道德边界等；
- 发票开具及付款方式；
- 如何让教练了解有关组织、教练政策和运营变化的最新信息。

很重要的是，这不仅是一次发布信息的就职活动，更是一个将教练、教练经理和高管打造成有承诺的群体的过程，他们共同努力，推动组织、组织的战略、文化以及领导力向前发展。

7. 匹配教练和被教练者

将客户个人与教练进行恰当匹配时，不同组织会采用不同方法：

公开信息，自行选择。组织公布教练资源库名录，并附上每位教练的简短介绍，提供各位教练的相关背景、经验、方法、地点、联系方式等信息。潜在的被教练者直接联系教练，安排一次探索性会面，并通知中心组织者。

公开信息，共同选择。同上，但潜在被教练者联系的是中心教练经理，提出自己的偏好，由教练经理安排一到两次探索性会面。

根据需求，集中匹配。对教练资源库进行集中管理。查阅名单确定哪些教练当下时间合适，以及他们在最近的教练过程中收到了哪些反馈。然后：

- 由直线经理或当地人力资源部门确定被教练者的具体发展需求和学习偏好。
- 教练经理根据得知的个人教练需求以及对教练库的了解，确定两到三位合适的教练。
- 被教练者收到一到两位合适教练的信息，从中选择一位或与这两位都安排探索性会面。
- 被教练者与教练进行探索性会面。
- 被教练者（可能还有教练）告知教练经理自己的选择。
- 教练经理通知教练，安排必要的合同事宜。
- 被教练者与选定的教练进行首次签约会谈。

我研究过的许多大型组织，选择将外部教练库的管理和教练匹配过程外包。这样可以提升效率，并接触到更多教练，但可能会导致教练活动在组织中的融入程度降低。

三方或四方签约。关于教练过于关注被教练者个人而对组织服务不足的风险，我曾写过大量文章（Hawkins, 2006, 2008, 2010; Hawkins & Smith, 2006）。最坏的结果是，这可能会演变成“戏剧三角形”（Karpman, 1968）关系，教练将被教练者视为受害者，将组织视为迫害者，将自己视为拯救者。高水平的高管教练过程，会始终同时关注三个客户：个人、组织以及两者之间的关系。

过去十年，高质量高管教练活动的一个主要进步，就是引入了三方签约会谈。三方签约会谈过程中，教练与客户个人、客户的直线经理或其他可以代表组织从这段教练关系中受益的人进行会面。当我对 CEO 进行教练时，我一般会与董事长会面；而对董事长进行教练时，我就会与高级非执行董事会面。很重要的是，这个第三方不仅要支持被教练者的个人发展，同时还要担负起组织在教练过程中学习并受益的责任。在大型组织当中，有时很重要的是要有两位代表，一位是级别更高的领导者或管理者，另一位是人力资源部门的高级人员。这样就可以使谈话既能聚焦于被教练者在当前岗位上的发展和绩效，同时还可以关注如何运用教练来支持其针对组织内未来潜在的岗位机会进行提升。此外，人力资源代表可以关注教练活动如何与其他领导力发展举措和项目联系起来。

这种三方或四方会谈，通常在与客户个人的首次会面后进行，因此客户个人可以参与决定如何从这次会谈中获得最大价值。在三方或四方签约会谈中，很重要的是要确定一份共同的合约，解决以下问题：

- 各方如何知道在这个教练项目上投入的时间和金钱是值得的？
- 如果这个教练项目很成功，那么个人和组织分别会有什么改变？
- 被教练者有哪些优势、技巧和行为是教练项目开展的基础？
- 要关注被教练者的哪些个人发展和学习需求？
- 组织将如何从这个教练项目中学习并获益？
- 如何以及何时对教练项目进行检视？

如果所有各方能够在教练过程中基于所出现的情况安排会面，对合约进行检视、改进和更新，然后在教练项目结束时对成果进行评估，那么会很有帮助。

英国国家校长职业资格项目中的教练计划，为所有校长预备人选安排了教练服务。他们进行了一个三方会谈的试点研究，会谈的三方是教练、受训校长和受训校长的直线经理。当被问及这种会谈的价值时，他们的态度非常积极，纷纷表示“非常值得”“特别有价值”“不仅值得而且非常必要”。所产生的收益包括：让直线经理对教练和整体领导力发展了解得更加清楚，同时对于自己如何为受训校长提供更好的发展和学习机会也更加清晰。还有一些意想不到的价值。一位直线经理提到，三方会谈是“一次很有价值的会谈，让我们能够澄清各自的理解，并认真讨论我们要如何作为一个领导团队一起工作”。

8. 持续发展和督导

如上文所述，最佳实践组织不仅要求教练接受督导才能初步入围，而且还要求他们证明督导是如何定期提高其教练质量的。一些组织现在还会要求所有教练都接受同一外部组织的督导，这样督导就能够保证：

- 教练活动与组织需求保持一致；
- 通过督导师，所有教练都能了解到有关组织变化的最新进展；
- 迅速传播最佳实践；
- 在遵守保密原则的同时，通过督导师反馈新出现的主题；
- 提出改进教练过程的建议。

英国国家医疗保健系统创新与改进研究所（NHS Institute for Innovation and Improvement）为其个人教练的外部教练小组提供团体督导，同时也为董事会及团队教练的外部教练小组单独提供团体督导。具体实施方式是每个小组每年抽出两个整天时间，安排团体督导与教练的专业能力持续提升（CPD）。这个项目聚焦于教练实践的最新进展，同时分享 NHS 组织层面及其所处大环境的最新动态。负责 NHS 研究所教练计划的苏·莫特洛克表示，这个督导和 CPD 项目在贡献教练资源以及构建高承诺度的外部教练提供者社群方面起到了重要作用。

9. 收获组织学习成果

每段教练关系结束时，教练经理都要从教练和被教练者双方（如果可能，还有直线经理）获得关于所取得进展的书面反馈。这些反馈如果在各方之间公开分享，那么就可以最大程度地扩大各方的学习成果。这些反馈有多种用途：

- 帮助被教练者探索在教练项目结束后持续学习和成长的方法，并将教练过程中取得的发展成果融入工作内外其他形式的学习当中；
- 帮助教练发现教练过程中什么最有效、什么最无效，以及如何为这家组织及其他组织的其他客户增加价值；
- 帮助直线经理持续支持和培养被教练者；
- 帮助教练服务持续提升自身水平，并提供可匿名用于组织内教练活动持续评估的数据（见第 13 章关于评估的内容）；
- （在保密的前提下）提出与组织模式、问题及学习相关的主题，收获组织学习成果（见第 7 章）。

第 7 章中，我会阐述组织如何从大量个人教练项目中获取组织学习成果。重要的是，那些负责聘用外部教练的人要注意管理这些过程。

结束语

要让外部教练真正产生价值，需要具备以下几点：清晰的教练政策，明确教练的性质、教练的工作方式以及对组织的价值；教练的背景分析和选拔流程，确保组织物色到合适的高水平教练；匹配教练和被教练者的过程；三方签约；入选教练的上岗、督导、信息更新以及培养过程，还有与教练一起共同收获组织学习的过程。

下一章，我会在培养内部教练群体这个主题上再次讨论其中的一些问题，同时也会探讨使用内部和外部教练的不同价值。当组织同时使用内部和外部教练时，很重要的是，要在这两个群体之间实现相互学习。

5　步骤 2：培养内部教练和导师能力

引　言

近年来，英国特许人事与发展学会（CIPD, 2009）发现，超过 90% 的组织表示使用了教练，而 63% 的组织的教练活动是在受过训练的内部教练的支持下由直线经理完成的。艾莉森·麦克斯韦（Maxwell, 2011）将内部教练划分为四种类型：

- *教练型管理者*："运用教练型思维模式和教练技能的直线经理"（第 9 章将详细探讨此内容）。
- *危机干预*："这种情况指的是，员工可能会向其直线经理（或人力资源经理）诉说自己遇到的个人危机，如丧亲、酗酒、吸毒、抑郁或关系问题"。我认为，这种情况称为"心理辅导"更为恰当。
- *担当变革推动者的教练*："担当变革职责的人，负责的可能是持续数月或数年的战略举措"。这与霍金斯（Hawkins, 2011a）所描述的项目团队教练很类似。
- *发展性教练*：作为正式工作职责的一部分，向本组织员工提供发展性或补救性教练的人。

本章中，我会重点介绍最后一种内部教练形式，这也是迄今为止最常见的一种。正如麦克斯韦所展示的那样，这种形式不同于给直线经理和领导者培训教练员工的技能（第 9 章将介绍此内容）。但是，一些已经创建了内部教练资源的组织，首先是从给直线经理培训教练技能开始的。完成教练培训后，一些管理者自愿参加进一步的教练发展和督导活动，并承诺每周拿出两三个小时，为组织内其他部门的管理者做教练。

还有一些组织之所以开始培养内部教练是因为发现，需要接受教练支持的管理者数量，远远超出了组织聘请外部教练所需要的资源。我访谈过的一些组织表示，在构建了内部教练群体后，他们还发现了其他一些在组织层面和经济层面的收益，其中包括：

- 那些担当教练培训以及给组织内其他部门的管理者做教练的人，在自己的团队及部门当中成长为更好的管理者和领导者；
- 这些教练更有意识地将组织看作一个整体，对各部门彼此之间的联结也有了更多感知；
- 他们发现，与组织中其他内部教练的持续联结，构建了一个很有价值的关系网，可以为自己的工作提供支持。

创建、培养和维护一个高质量的内部教练群体，需要相应的投资、长期的承诺和支持以及精心的规划。执行过程不能太轻率。

内部教练和外部教练的益处对比

对于大多数组织来说，要构建强大的教练资源，需要内部教练和外部教练同时参与其中，因为两者各有优势。2010~2011 年进行的一项研究中，英国领导与管理学会（Pardey, 2011）发现，在 250 家做出回应的组织当中，有 78% 使用了教练。这其中，有 83% 使用了内部教练（直线经理和专业人士），65% 使用了外部教练，所以有许多组织同时使用了这两种教练。在做出回应

表 5.1 内部教练和外部教练的优势

内部教练的优势	外部教练的优势
更了解组织的文化，更知道什么起作用、什么不起作用	新鲜的外部视角，相较组织内部成员，更能看到被视作理所当然的文化和假设
能够与组织内的其他工作机会建立关联	独立，更能保证公正性和保密性
对组织内的一些挑战更能感同身受	串通的可能性更小
对组织内其他学习和发展计划更为了解	能够从更多组织带来最佳实践
能够经常为更大范围的管理者提供更经济的教练服务	更容易被高管接受，这些人可能由于个人及人事原因而难以接受内部教练

的组织当中，有 3/4 的组织运用外部教练的领域不同于内部教练，有 53% 的组织说到为层级更高的管理者提供了外部教练。表 5.1 介绍了组织中使用内部教练和外部教练的不同优势。

许多作者明确指出，内部教练在开展工作时面临着一些特殊挑战（Strumpf, 2002; Corporate Research Forum, 2006; St. John-Brooks, 2010; Maxwell, 2011）。这些挑战包括：

- 被教练者担心教练是否值得信任以及能否保密，尤其当教练来自人力资源部门时；
- 教练感到难以提供坦率的反馈，特别是面对级别更高的管理者；
- 在教练和督导过程中管理内部边界，因为与被教练者可能还存在其他方面的关联；
- 可能存在忠诚度方面的两难或矛盾。

我们将在本章下文以及英国广播公司（BBC）的案例研究中看到，如果组织愿意为内部教练投入资源，安排适当的培训、发展和督导，并设定好必要的边界，所有这些挑战都会得以克服。

内部教练和内部导师

我访谈过的许多组织，不仅建立了内部教练网络，还积极支持内部导师机制的发展。

英国特许人事与发展协会（CIPD）对教练活动与导师活动之间的区别进行了实用性的探索。他们摆脱了过于死板的定义，通过比较和对比教练活动及导师活动各自所特有的关注点和类型来研究两者之间的区别，如表 5.2 所示（CIPD, 2004）。

表 5.2 中频繁出现的关键因素，构成了 CIPD 对“导师”的定义（CIPD, 2004）：

表 5.2　导师活动与教练活动的区别

导师活动	教练活动
一种持续的关系，时间可以很长	教练关系通常有设定的持续时间
可以更随意，当被辅导者需要建议、指导和支持时，就可以安排约谈	一般来说，更加结构化，定期安排约谈
更长远，对被辅导者有更广泛的看法	短期的（有时有时间限制），重点关注具体的发展领域或问题
导师通常比被辅导者经验更丰富；通常是组织中的高级成员，可以传授知识和经验，打开遥不可及的机会之门	一般不需要教练对客户的正式职位有直接经验，除非是专项教练和聚焦于技能
关注点是职业和个人发展	关注点通常是工作中的发展和问题
被辅导者设定议程，导师给予支持和指导，帮助他们为未来职位做好准备	议程的重点是实现眼前的具体目标
辅导活动更多是围绕被辅导者的职业发展展开	教练活动更多是围绕具体的发展领域和问题展开

- 需要范围更广、更长期的对话；
- 更多是基于被辅导者对未来职业发展的需要，而不是针对目前工作中的具体问题；
- 导师利用其行业经验来指导被辅导者的职业发展。

也就是说，导师的作用，不在于创造明确、有针对性的行为改变，而在于帮助被辅导者构建相对广阔的远景，激发其未来的职业选择。

在我访谈过的一些专业服务公司中，通常是由高级合伙人来辅导那些有潜力成为合伙人的年轻员工。还有一些公司会对新任命的合伙人提供导师辅导。

派尼纳·汤姆森等人（Thomson & Graham, 2005）开展了富时100跨公司辅导计划，目前有45家英国领先企业参与其中。这项辅导活动的参加对象是每家公司的一位女性高管，她们因为有潜力成为董事会成员而被该公司董事长提名，并由另一家富时100公司的董事长担当导师，以避免产生任何潜在的利益冲突。事实证明，这个项目非常成功。迄今为止已有39位女性完成这个辅导项目，另有35位正在接受辅导。有15位已被任命为所在公司的执行委员会或董事会成员。有9位已被任命为其他富时公司的非执行董事。另有15位在原公司得到提拔或跳槽到另一家公司获得晋升。还有3位被富时250或其他公司任命为CEO。这项导师活动，不仅为这些被辅导的女性，同时也为这些男性占绝对多数的董事长们带来了可持续的重要学习价值。有12个国家已经开始推出本国版本的导师计划，以支持更多女性进入董事会任职（Thomson & Lloyd, 2011）。

内部教练群体形成、构建和维护的几个步骤

在对已成功建立内部教练社群的组织进行访谈时，我发现了许多不同的方法。在对这些不同故事进行总结时，我发现大多数组织（但不是全部）都经历了一些明显的步骤。有些组织在回顾过去时还表示，希望当初曾采取过其他一些步骤。基于这项研究，我创建了以下建立内部教练社群最有效的步骤路线图。

1. 战略规划

与组建外部教练小组类似，很重要的是，在建立内部教练社群之前，教练战略和政策应该已经准备就绪（见第 4 章）。教练政策除了要明确建立外部教练库的必要条件之外，还要对适合使用内部教练及外部教练的情况加以区分。

主管 BBC 教练活动的莉兹·麦肯写道：

> 聘请外部教练的原因通常是：
>
> - 被教练者是高管；
> - 出于保密的考虑（例如，引人注目的人士或问题）；
> - 希望利用教练的经验（以教练 / 导师类的身份）；例如，真实探索如何运营一家广播机构，熟知该行业的人可以借鉴自身的知识；商业专长。

BBC 还要求业务部门用自己的预算支付外部教练费用，而内部教练则由公司统一出资。这就让管理者在聘请外部教练时三思而后行。

此外，教练战略还要考虑到何时使用内部教练或外部教练，以及何时使用导师形式可能更合适。另外还有一个重要选择要做。许多组织如 BBC，选择建立一支兼职教练队伍，这些人来自组织内各个部门，具有不同职能背景，

除了全职工作外，还有兴趣做教练。其他组织如普华永道和毕马威，则决定组建一支训练有素的全职专业教练队伍，这些教练既能达到许多外部教练的服务质量，同时还对业务背景和战略方向有更深入的理解，时间上也更灵活，成本也更低。BBC 现在采用的是混合模式，即一些全职教练另加大量兼职教练（见本章末尾的案例研究）。

2. 向他人学习

建立和维护内部教练社群的过程中会有许多陷阱和误区，为避免重蹈覆辙，积极联系先行者会很有帮助。人力资源和教练方面的专业协会通常能让你联系到那些已建立起完善教练服务的组织。专业高管教练与督导协会（APECS）以及英国的欧洲导师与教练委员会（EMCC）都为提供内部和外部教练的组织设立了特别论坛。

3. 招募

在招募内部教练之前，很重要的是，要确定本组织内高效教练所需的关键教练胜任力（key competencies）、能力（capabilities）和才干（capacities）。其中一些要求对所有教练都是适用的（Hawkins & Smith, 2006）。一个很好的参考基准是国际教练联合会（ICF, 2011）开发并使用的 11 项核心能力[1]：

A. 建立基础

1. 遵守道德准则及职业标准
2. 达成教练合约

B. 共同建立关系

3. 与客户建立信任及亲和关系
4. 教练状态

---

1 译者注：ICF 于 2019 年 10 月发布了新版 8 项核心能力，并已于 2021 年正式启用。

C. 有效沟通

5. 积极倾听
6. 有力发问
7. 直接沟通

D. 促进学习，产生成果

8. 创造觉察
9. 设计行动计划
10. 计划及目标设定
11. 管理进展，落实责任

其他能力和素质要求，可根据组织的自身需求以及当下所面临的挑战来确定。例如，组织可能希望内部教练是公司价值观的榜样，或者想选择那些在不久的将来可能会被提拔到领导岗位的人。同样很重要的是，要确认他们从上级主管处获得了同意和资源支持，允许他们不仅可以花时间完成培训，还能够在部门之外担当教练。

内部教练的典型评估表，可以将表 5.3 中的信息进行排序，然后与上文列出的基本能力加以结合。

4. 培训

选拔出潜在教练人选之后，很重要的是，要针对组织的具体需求给他们安排教练培训。培训要包括以下内容：

- 教练战略，以及教练在帮助组织实现使命、业务战略、组织发展计划、领导力开发和人才培养计划过程中所起的作用；
- 组织的具体教练政策；
- 教练活动的管理方式；
- 组织内做教练的注意事项，什么能做、什么不能做；

表 5.3 内部教练评估表

内容	A. 所需条件	B. 申请者得分	C. 权重	D. 加权得分 （B×C）
1. 本公司工作年限				
2. 绩效评估中人员管理得分良好				
3. 上级管理者支持其申请				
4. 上级管理者同意其花时间接受教练培训、做教练				
5. 之前有作为教练或被教练者的经验				
6. 接受过教练培训（如果有的话）				
7. 接受过心理培训或有相关经验				
8. 成为组织内部价值观榜样所必需的素质和个人特征				
9. 相关的广泛的业务经验				
10. 商业资质				
11. 处理道德困境的能力				

- 关于教练的一些基本定义，以及教练与心理咨询、导师辅导、管理等方式的区别；
- 一些基本的教练模型，例如 CLEAR 模型（Hawkins & Smith, 2006）或者 GROW 模型（Whitmore, 2002）；
- 上文列出的所有基本教练技能，并有机会通过实践体验来学习，三人小组（教练、被教练者和观察者）互相教练，并给予结构化反馈。很重要的是，这些教练对话要使用当下的实际问题，这样才能使每个人在这三种角色中的学习价值都最大化，做到“实战演练”而非角色扮演（Hawkins & Smith, 2006）；
- 由已经进行过教练和接受过教练的人进行介绍，分享有关什么奏效、什么不奏效的经验以及个人学习收获，之后安排答疑和互动。

一些公司选择对内部教练培养项目进行认证，以便让教练拥有公认的资质或认证。这些资质或认证可以跟随教练转移，并进一步提升。对此类培训进行认证的两个主要组织，是领导力和管理协会（ILM）、欧洲导师与教练委员会（EMCC）[2]。

5. 确定教练的目标人群

很少有组织能够培养和维持足够规模的教练群体，为每位员工都提供教练。所以对于组织来说，很重要的是要决定如何最好地利用这些有限的教练资源。确定被教练人选范围的方式有多种，包括：

（1）优先考虑正在向更高岗位过渡的人员。可能包括以下晋升情况：

- 初次担任领导角色，领导一个团队或部门；
- 由职能部门管理者转变为公司层面的角色；
- 领导大型跨国客户团队；
- 成为合伙人，或担任公司层面的领导角色；
- 加入董事会；
- 接手一项具体的挑战性工作，例如领导跨部门变革团队，或管理一项并购。

（2）有一些公司会给那些选择参加领导力开发或高级管理课程的人提供教练，帮助他们将课程所学用于解决工作中所面临的挑战。

（3）还有一些公司，运用教练来支持那些在人才管理流程中确定的有实力晋升到更高领导岗位的人选，教练的重点是，帮助他们运用当前的挑战来学习未来角色所需的技能，并培养相应的品质和行为习惯。

2 译者注：在中国，更广为人知的教练认证机构是美国的国际教练联合会（ICF）。

从本章末尾的案例研究中可以看到，BBC 重点运用的是方式（1）和（2）。相较而言，汇丰银行（HSBC）选择的则是方式（3），因为他们希望从长远角度建立起更好的领导梯队。英国安永会计师事务所采用的是方式（1）的特殊版本，因为他们意识到，为了发展业务，他们需要引进一些高水平的人直接加入合伙人团队，这些人来自其他专业服务公司，已经在业内获得成功。一般来说，直接加入的合伙人需要 18 个月时间探索出在新公司的成功之路。安永希望能够借助教练活动大大加快这个过程。

6. 匹配客户和教练

客户和教练的匹配，从确定客户需求这个简单的过程开始，可以由客户的直线经理或所在地的人力资源经理或客户本人完成。有些组织开发了简单的在线表格，填写的内容包括：

- 姓名；
- 职位；
- 现任职位时长；
- 期望的未来职位；
- 想要参加教练的原因；
- 希望通过教练活动来提升的技能、行为和品质；
- 描述自己的最佳学习方式；
- 描述自己希望教练具备的品质以及使用的方法；
- 对教练所使用的语言以及年龄、性别、经验方面的具体偏好。

有些组织将教练匹配服务外包给第三方公司，但这种做法比将外部教练匹配服务外包要少见。还有一些组织使用电子化系统，将教练的简历和背景都放在网上，员工可以通过这个系统直接联系教练。

7. 教练督导以及教练个人和专业的持续发展

上文说到的最初的培训，只是为成长为高效教练的学习之旅打个基础而已。最重要的学习发生在新手教练开始实际教练第一批客户时。一些组织会让新教练先给志愿客户做教练，然后再开始给更高级别的客户做教练，解决更为紧迫的关键业务问题。无论采用哪种方式，都要为教练的持续学习提供与最初的培训同等力度的支持。在教练的这种个人及专业持续发展的过程中，督导发挥着至关重要的作用（见第 12 章）。2006 年，当我合作开展 CIPD 教练督导研究项目时（Hawkins & Schwenk, 2006），在完成问卷调查的 125 个组织中，有 88% 认为督导对于所有教练都必不可少，但只有 23% 给自己的内部或外部教练安排了督导。这种情况在过去五年中发生了明显变化，但仍然有一段路要走。组织安排督导时，通常是聘请某位外部督导或者某家提供教练督导服务的组织来进行。有些组织，如 BBC（见案例研究）和英国国家医疗保健系统（由英国国家医疗保健系统创新与改进研究所实施），会培养自己的内部督导。

最佳实践经验告诉我们，新教练每进行 10 小时的教练就应该接受 1 小时的督导，而经验丰富的教练每进行 35 小时的教练应该接受 1 小时督导（Hawkins & Smith, 2006）。通常，个人督导和群体督导相结合的方式会很有帮助。群体督导可以增进教练之间的相互学习，同时还能建立实践社群。个人督导会更加深入地关注教练对客户的认知广度以及教练自身的具体发展。

许多受访的组织还会针对一些具体教练领域聘请内外部专家定期举办大师班。这些组织表示，如果安排在组织内探索应用这些方法的机会，并在大师班上安排时间进行现场演练，那么这种大师班的课程效果会达到最佳。大师班的主题，包括学习具体教练方法（如转型教练、焦点解决、神经语言程序学、格式塔等）、处理跨文化差异、应对道德困境、管理冲突、签订合约和检视工作的方法等。

8. 与所有参与者一起对教练服务进行年度检视

即便已经尽可能地借鉴了其他组织的经验（见上文），但我访谈过的所有组织都表示，自己的教练服务还有许多学习空间，需要在发展中不断改进。许多组织会举办年度（有时更频繁）会议，所有参与教练活动的员工都参加。大多数组织会在这项活动中结合安排一位高管的演讲，介绍组织所面临的战略挑战以及公司的最新动态包括战略方法、价值观、组织发展和领导力发展等。还有一些组织会邀请一位经验非常丰富的外部教练来讲授大师课，介绍教练领域的新方向。这种会议活动的主要好处是，建立实践社群，并保持志愿者教练的热情和承诺。

电力供应局（Electricity Supply Board, ESB），爱尔兰首屈一指的电力公用事业公司，利用其最近召开的大会来应对这个挑战："我们要如何共同努力，让公司里的教练活动价值翻倍？"此次互动活动迸发出了怎样的火花，将在第 7 章详细阐述，我在那章讨论了收获学习成果的不同形式，而收获学习成果也正是下面我马上要谈到的内容。

9. 收获学习成果

这个教练社群整体上可能会与组织内大批领导者有着教练关系，所以需要再次强调的是，组织的学习成果是从这些个人教练对话中收获的。这就需要运用一些方法，从所有教练关系中收集反馈，最好是从教练和客户双方都收集信息。这与第 4 章中介绍的内容类似。

第 7 章中，我会介绍从组织内大量个人教练活动中收获组织学习成果的方法。重要的是，内部教练社群的管理者要关注自己管理这些过程的方式。

10. 评估及进一步发展

除了在年度会议上形成评估以及运用其他一些形式来收获学习成果外，

我访谈过的大多数组织都认为，评估过程必须要持续进行。这不仅是为了证明对教练活动的持续投资是合理的，而且也是为了定期对教练政策和实施过程进行改进。

有三种主要的教练评估方式，可以融入持续的教练管理过程：

1. 每次教练对话都有具体的教练目标，这些教练目标是初始教练合约的组成部分，初始教练合约通过三方或四方的方式确定，并在中期进行检视。然后在教练关系结束时，从所有三方或四方收集信息，了解这些目标的完成情况。
2. 在总体教练合约结束时以及结束后 6 个月，每位客户、教练、客户的上级经理都要填写一次教练反馈表。之所以进行第二次反馈信息收集，是因为教练活动所带来的益处往往需要一段时间才能显现出来。
3. 对教练服务进行年度评审，包括：
   - 参加教练活动的客户人数，以及教练客户所处不同层级和职能的细分信息；
   - 教练合约的平均时长；
   - 活跃的教练人数及其平均教练客户人数；
   - 客户对教练价值、教练关系、教练服务的平均反馈评价；
   - 客户、教练、客户的上级经理对初始目标完成情况的评分；
   - 与未接受教练的同级员工相比，接受教练的客户在提高绩效、获得晋升方面取得的成绩。

有关评估的更多问题，以及如何将评估与更广泛的教练研究相联系、投资回报等相关问题，将在第 13 章进行讨论。

跨组织的教练活动

许多组织，特别是公共部门的组织，已经开展合作相互提供教练服务。英国西米德兰地方政府协会就是一个很好的例子，该协会先是为该地区不同公共部门的各家组织培训了教练，之后又培训了教练督导。建立集中注册帮助中心，意味着个人可以寻求到协会中其他组织的教练支持。

在英国的另一地区，西北雇主协会联合当地的英国国家医疗保健系统和西北领导力学院，为该地区的 CEO 提供了教练培训。这些 CEO 参加培训有一个条件，就是要同意给参加此项目的其他组织的高管提供教练服务。这项联合行动是一项更广泛战略的一部分，这项战略旨在提升高管跨部门领域工作的能力，并培养下一代领导者和 CEO。琳恩·斯科特（Lynn Scott）在评估报告中提出，该项目不仅成功地提升了参与者的教练技巧，还在整个地区构建了更好的支持和协作。一些参与者还报告说自己正尝试在组织内创建教练文化。

以下 BBC 的案例研究由该公司的教练主管莉兹·麦肯提供。

案例研究：英国广播公司（BBC）

BBC 教练历史

这个项目起源于前总裁格雷格·戴克在任的时期。他鼓励员工主动做事而不是坐等他人告知。这鼓舞了莉兹·麦肯，凭借热忱将教练带到了 BBC。公司内部曾有过一些针对最高层的教练活动。培训和发展部门推出了内部教练的免费试点活动，但最终夭折。开始时不是自上而下，而是自下而上进行的。

对教练活动的理解

内部教练服务中心负责对流程进行梳理和管理，通过这个流程将担任高管教练的直线经理与组织内其他部门的被教练者联系起来。虽然参加教练培训对管理者自身的管理技巧影响重大，但这被视为额外收益而不是 BBC 的目的。

此外还有一个“管理者教练技能”课程，帮助管理者运用教练技巧来管理员工。每期课程有 12 位管理者参加，共两个模块，两个模块之间组织实战练习。这些课程集知识输入、实践、观察和反馈于一体。

教练活动的总体目标

在 BBC，教练活动是一种培养领导力的过程，为领导者提供支持和发展，培养他们的自我责任感和自我觉察能力。其目的是：

- 为处于变革时期或角色转变过程中的管理者提供支持；
- 培养领导能力；
- 针对已发现的人才开发其潜力。

开发内部教练资源

这些教练项目培养直线经理担当教练。现有 70 位教练，另有 12 位正在培养过程中。所有教练都有“全日制”工作，不收取额外的教练收入。

要成为组织内的合格教练，需要经历严格的选拔（每年限制 24 个名额）和培养过程，同时在担当教练的过程中还要持续提升。

大多数申请者都曾经作为客户被教练过，这让他们产生了成为内部教练的动力：

> “我曾参加过一位教练的领导力培养项目。太强大了，那是我所学习到的最强有力的东西，让我那周的学习变得清晰。我被深深吸引住了，于是说服公司让我参加更多教练活动。”

教练申请流程从填写申请表开始，填写申请表会让这些潜在教练思考自己的技能，包括对人的兴趣、保持客观的能力、倾听能力以及对教练活动想要实现的成果的理解。教练服务中心的高级员工会列出入围候选人名单。申请者必须得到直线经理的支持，并符合规定的入围标准。

最后一个阶段，是由教练服务中心的成员进行面试，了解候选人的申请动机、组织内的信用度、个人的临在感，并确定他们是否有进行教练的时间。然后，成功的申请者将获得参加教练基础课程（CFC）的学习机会，这个课程由欧洲导师与教练委员会（EMCC）和国际教练联合会（ICF）认证。课程会由三位导师带领（两位来自内部，一位来自外部），每次课程的参与者为 12 人。

这个项目围绕 BBC 使用的五种教练能力来构建：

- 组织能力（包括教练对话的规划、教练记录、教练对话的行政安排等）；
- 分析技能（教练对话过程中——理解“故事”、干预措施的选择等）；
- 自我觉察（认可自己做得好的方面以及所产生的影响）；
- 建立关系（构建一个令人信任、有安全感，同时又富有挑战性的私密空间）；
- 沟通技巧（倾听和提问）；
- 以 ICF 的 11 项核心能力为基础。

课程的主要内容包括：

- 三大模块，上午授课、下午实践；下午，学员相互教练并互相给予反馈，由一位助教在旁观察；
- 模块之间的技能运用，由导师提供支持；
- 两位实践客户，至少是中层管理者，有真实问题要解决，同意在课程期间接受教练并给出评估反馈；

- 一位教练导师（早期课程的毕业生教练），协助学员完成整个培养过程；
- 对学员的能力进行评估，包括在每个课程模块中的每一天（助教对他们的体验）以及在实践过程中；
- 最终评估，包括：在最后一天，观察学员就某个真实问题对客户进行教练；学习日志；客户评估表；导师报告和助教的体验［基于对核心能力的观察，学员的“标志性风格（signature presence）”，以及助教感觉自己是否喜欢接受这位学员的教练（不需要所有助教都回答“喜欢”，但至少需要有一位）］。

当教练完成课程并加入教练服务后，就不再与导师一起工作，而是会分配给一位督导师，每季度见一次。

> 与督导师在一起时你可以专注于一件事，在小组里你可以向他人学习其不同经历，为你正在做的事情寻求帮助。
>
> 完成培训后，我接受了督导，我的学习一直在继续，这对我来说特别棒，一边想一边说，在整个过程中我都进行了认真思考——就像教练过程一样。我在培训时学到了工具，而督导过程则让我巩固了这些工具。

在教练社群中分享收获

每个季度，内部教练都会参加学习分享小组（10~12位教练）。小组内的学习内容包括群体督导、相互交流模型和想法。所有人一年开两次会（夏天和圣诞节），会邀请教练界一位令人感兴趣的演讲者来演讲，同时还会安排一些彼此联结的时间和午餐。他们还成立了一些非正式的小组，定期会面。群体督导及个人督导都得到了教练的高度评价。

标准高管教练项目

莉兹·麦肯根据对各位教练的能力水平（基于被教练者的层级）及偏好的了解来分配教练。通常，在积累了大量教练经验之前，教练不会为级别高于自己的管理者提供教练。现有的提供高级别教练服务的30位教练以及担当教练的管理者，都是专门选拔出来的。

被教练者不能选择教练。教练分配的一个原则是，教练不能为本部门或本职能专业领域的人员进行教练。

对教练来说，一个关键的考虑因素是，他们可能会事先知晓被教练者的一些情况，尤其是被教练者的一些共事者如直线经理。随着资历越来越高，这些教练必然会认识一些组织内与被教练者有互动关系的人。与我交谈过的一些教练说到，当听到自己所熟悉的人时，他们需要倾听自己当时的分心程度。他们还解释说，自己必须在瞬间做出判断是否需要把这个分心问题提出来告知被教练者。这种情况显然会是教练们在定期分享学习会上要讨论的一个典型问题。

被教练者针对教练项目设定一些目标，并与教练一起制定目标实现的衡量标准，其中包括这样的思考："通过这个教练项目，你的直线经理或部门可以得到什么？"

教练项目包括：与教练的初始目标设定会谈，教练、被教练者及直线经理的三方会谈，以及5次教练约谈（3到4周一次）。第一次三方会谈现在是强制性的，要求教练在完成后才能往下进行，因为之前曾多次发生过完成了4次教练会谈但却未与直线经理交谈。过去，教练有时会在被教练者不在场的情况下与直线经理进行一对一对话，但这会引起被教练者对谈话内容感到紧张和焦虑，因此所有这类谈话现在都是三方进行的。在教练项目结束后，教练还会与直线经理展开一次后续的跟进会谈。

直线经理会以适合自己的方式将教练活动纳入工作日程，但这可能会引发冲突。找到双方都合适的时间，是大多数教练都会遇到的困难，但对被教练者来说，这个问题似乎更为严重。

有时候，出于利益冲突或者两人关系的原因，需要为被教练者重新分配新教练。

2010 年，服务中心运行了 500 个教练项目。项目时长因职级和项目而异；对于标准的服务来说，大部分初级管理人员的教练时长为 6 个月内 10 小时，而大部分高级管理者的教练时长则会增加到 12 个月内 20 小时。

英国本土员工的教练活动采用面对面方式，而海外人员则通过电话进行。

上岗 100 天：过渡期员工教练

这是专门给刚加入公司、职位有变化（例如升职）或者调换部门的员工安排的一项密集的教练项目。有研究表明，员工进入新的岗位或组织会需要 90 天时间才可以发挥影响力，基于此，员工要在上岗三周内加入这项教练计划。经直线经理提名的管理者可以加入。

这个项目当中，教练的作用是担当被教练者的合作伙伴，为期 100 天。第一个月，他们会每周进行面对面会谈，并通过电话和电子邮件经常保持联系。剩余的时间内，他们会按约定时间见面，最多 10 小时。

BBC 领导力发展项目

过去，BBC 曾（针对团队领导者、中层管理者和高层管理者）提供一系列领导力发展项目。这些项目当中，教练只在有限程度上提供给团队领导者，而中层管理者与 BBC 教练有 4 次教练约谈，高层管理者有 6 次。这些教练活动由 360 度反馈驱动。目前，公司正在设计新的领导力项目，通过让直线经理参与确定成功标准，将教练与业务联系起来。教练项目会按照高管教练的结构来设计，一共 7 次教练约谈，其中包括初始目标设定约谈以及三方签约约谈。

外部教练

外部教练的聘请费用，由各部门从自己的预算中支付。分管教练的部门编制了一份首选供应商名单，其中包含25位（家）教练和教练机构。每家组织最多可以提供3位指定教练。这份名单现在由采购部管理，不公布于网络，以避免在选择外部教练和内部教练时发生潜在冲突。物色外部教练时，他们要的是一流的个人资质以及适合公司的“独特风格”。这包括：正直、真实以及与人建立联结的能力。

聘请外部教练的理由通常是：

- 被教练者是高管；
- 出于保密的考虑（例如，引人注目的人士或问题）；
- 希望利用教练的经验（以教练/导师类的身份）；例如，真实探索如何运行一家大型公司，可以借鉴其专业知识和商业专长。

评估

BBC每年都会进行一次全面的评估。个人教练项目的评估如下：

- 三方检视约谈；
- 项目结束时，被教练者填写客户评估表，然后交到总部；
- 填好的客户评估表也会发一份给教练及其督导师，供其对评估信息进行探索。

通常，客户会被问及：

- 描述他们的体验；
- 对教练的风格给出反馈；
- 最有效和最无效的教练约谈；
- 他们在项目教练中的收获；

- 他们做到了哪些改变；
- 其他人注意到他们有哪些改变；
- 对教练项目的改进建议；
- 是否会将教练项目推荐给他人。

BBC还进行了各种定性研究。在最近的一项研究中，被教练者认为，“被迫”花时间去思考挑战性的问题以及有机会与中立的人一起工作，这些都是其教练体验的关键成功要素。以下是一些具有代表性的回答：

> 对我的管理风格影响巨大，例如，我了解到每个人有多么不同，了解到如何理解自己的情绪反应以及如何与之共处，了解到我的指导性有多强以及授权的真正含义……我现在教练的下属说感觉得到了许多支持。
>
> 我带领团队的方式完全改变了。运转更加顺畅，员工拥有自主权，他们非常喜欢这种方式，我们创造了更多价值，不满减少了，来问我要如何做事的人减少了，彼此间的张力也变小了。

对教练服务的反思

我们的教练服务取得了很大成就，经常有英国及国外的组织联系我们，寻求关于开展内部教练服务的建议。与内部教练一起工作的一个好处是，教练可以在完全保密和匿名的情况下，对员工的情绪以及正在努力解决的关键问题给出反馈。通过内部教练的分享学习小组，这些信息先是反馈给教练负责人，然后再反馈到高管层。在日常工作中安排教练活动的一个缺点是有歉疚感。一位教练说到自己的感受：“当我离开自己的团队，去参加工作坊以及抽时间教练其他人时，我感觉很歉疚。”

BBC教练发展的可能性

教练服务中心的成员有兴趣在公司内树立声誉，确保让更多管理者了解到他们所提供的教练项目及其益处和影响。教练活动是通过领导力发展项目来宣传的，作为该项目的一个可选部分，并与“上岗100天”项目的招募紧密联系。同时，教练项目还在培训公告中加以突出展示，并作为“工作周学习”的一部分提供，同时在公司内网上也设有一个页面。最关键的是，人力资源部门已经开始认识到教练的价值，展望未来，这将是员工想成为教练或被教练者的第一站，教练活动将成为一种战略干预措施。

结束语

过去五年中，建立内部教练社群的组织在数量上大幅增长。这个过程现在正在加快，部分原因是受金融危机的影响，所有组织对每项成本都精打细算，希望获得更高的资金收益。大多数组织都在继续加大教练投资（CIPD, 2009），因为认识到教练是培养和留住宝贵人才资源的性价比很高的一项因素。然而，许多组织正在减少在外部教练方面的投入，而在其内部教练的培训、发展和督导方面则投入更多。

6 步骤3：组织中的领导者积极支持教练工作，并使这些工作与组织文化变革相协同

引 言

本章专为组织中的CEO、董事以及其他高管（包括人力资源总监）而写。组织要完成从提供教练服务到形成教练文化这一重大的转变过程，最高领导层发挥着关键作用。

一旦组织建立了外部教练专家库并构建了内部教练（和导师）社群，一些关键投入就已经到位，这为教练文化基础的奠定做了大量准备性工作。然而，如果止步于此，情况很可能是，投入了大量昂贵的资源，但却未能获得足够的产出和收益。在这个阶段，虽然组织内可能有许多管理者在接受教练或辅导，但如果未给予相应的支持，管理者和领导者就不能进而去教练自己的下属，成为教练型领导者。CEO通过口头和书面形式积极地宣传教练的重要性以及教练可以为组织带来的改变会很有帮助。但是行胜于言，如果CEO还积极地讲述自身的教练体验，分享自己从教练中学到的东西以及所获得的提升，那将会产生更大的影响。如果CEO及其他高管开始更多地运用“教练风格”来调动全体员工，那么CEO对组织文化变革所产生的影响将会更大。

从这一点上来讲，组织要在管理其教练投入的基础上，培养领导团队的教练风格。这是教练活动需要与更广泛的文化变革进行联结的阶段（见第 3 章）。组织文化的变革始于领导文化的变革，因为“组织文化是领导者通过自身行为创造的”（Hawkins & Wright, 2009:18）。

引领领导文化的变革：从“命令与控制”转变为“教练型领导力”

奥伯伦斯基（Obolensky, 2010）指出，随着组织已经变得更加复杂、更加全球化，组织所处的经营环境也变化得更加快速、更加难以预测、互联程度更高，领导力不得不发生转变。20 世纪中叶占主导地位的“命令与控制”式的领导风格，已经不再适用。这种领导文化，过度依赖组织高层的少数几位领导者，而这些领导者却永远无法看到整个系统的复杂性。同时，这种领导文化也无法运用来自系统内其他部分的智慧和集体知识。因为第 1 章所提及的社会价值观的变化，“命令与控制”型的领导者再也不能指望找到顺从的员工了。

可以说，这种文化还不如过去那些将伟大领导者奉为圣人的传记中所倡导的那种文化有效。正如托尔斯泰在其巨著《战争与和平》中所指出的那样，历史转折点的发生，很少是因为英雄领袖的个人决定所致，更多是由复杂的系统洪流（包括参与其中的广大民众的文化动态）造成的。博罗迪诺战役是拿破仑对俄战争的转折点之一，对于这场战役，许多历史学家将法国人的失败归因于拿破仑得了重感冒，因为勤务兵把他的靴子忘在外面淋了雨！但是托尔斯泰指出，拿破仑离前线有两英里远，由于有大雾，他无法看清前线的战况。当时战况信息由士兵骑马传递给他，他下达命令后再传回前线，而此时命令已经被随后的行动取代了。这是发生在 200 多年前的事了，但我现在仍常常遇到一些和当年的拿破仑位置相似的高管，他们的行为方式就如同自己是手握大权、无所不知的将军！

我们当下所处的世界复杂多变、难以预测、全球互联，有许多研究和书籍介绍这种环境中需要什么样的领导力。这些专著认为，领导者要具有变革性（Tichy & Cohen, 2002），具备高情商（Goleman, 1996, 1998），真诚（George, 2003），遵守商业伦理（Tichey & McGill, 2003），能同频共振、富有慈悲心（Boyatzis & McKee, 2005），敏捷、适应性强（Obolensky, 2010），系统全面（Wheatley, 2002; Stacey, 2010），还要注重可持续发展（Goleman, 2009; Marshall et al., 2011）。这可真是非常高的能力要求啊！

奥伯伦斯基（Obolensky, 2010）尝试对这些特质进行了整合，展示了在当今世界的复杂－适应型（complex-adaptive）组织当中，领导者要将软原则（阴）和硬原则（阳）这两者加以结合（见表 6.1）。奥伯伦斯基还展示了适应型领导者与技术专家型领导者在回应方式上的根本区别（见表 6.2）。

所有领导者都需要具备的一项关键技能，是能够让所领导的员工产出最佳绩效并能持续成长。这就需要他们不仅要具备一些核心的教练技能，同时还要发挥教练型的领导风格。以下是教练型领导风格的关键特质：

表 6.1　复杂－适应型组织的阴和阳

“软”原则——阴	“硬”原则——阳
基本的组织宗旨：隐含的存在理由，激励并凝聚着人们。	**清晰的个人目标**：每个人都知道自己要达成的目标以及原因，一定程度上是自我设定的。
人的技能和意愿：人们拥有完成工作的技能，并受到激励从而得以成长。	**清晰的边界**：这些规定了人们能做什么或不能做什么，以及应该在哪里做。
对模糊性的容忍：事情看起来有点儿混乱，对这种模糊性有一定的容忍度。	**明确的反馈**：有明确的措施可以让人们随时看到自己表现得如何。
采取行动的自由：对于如何开展工作、实现目标，个人完全可以自行决定。	**简单的规则**：有一些明确的规则，规定了人们如何做以及必须遵守的关键原则。

表 6.2 适应型领导者与技术型领导者的回应方式

领导力挑战	技术型领导者的回应方式	适应型领导者的回应方式
方向	确定问题并找到解决方案	识别适应性挑战，提出关键问题
保护	保护组织免受外部威胁	让组织在可承受范围内感受压力
导向	明确角色和责任	挑战现有角色，反对过快界定新角色
管理冲突	恢复秩序	暴露冲突或令其显现
塑造规范	维持规范	挑战无益规范

- 对于各级员工以及所有利益相关者对本组织的看法，他们始终保持好奇；对于这些员工和利益相关者关于工作改进的想法，他们充满兴趣。
- 通过积极、富有同理心的倾听，他们与广大员工及利益相关者建立了融洽的关系。他们会让人们感觉到，他们不只理解了说话人所说的内容，而且还理解了说话人的感受。
- 他们通过强有力的提问来鼓励每个人用不同的方式来思考；他们挑战现状。
- 他们运用各种方式调动人们，不只对使命、战略以及要做的事情进行宣传，而且还：*探询*——让他人参与改进产品和流程的决策；*说明*——运用故事、影像、比喻和图片，说明组织外正在发生的成功案例以及其他人正在取得的成果；*建构和重构*——提供不同的视角和框架，帮助人们通过不同角度来看待正在发生的事情（Torbert, 2004）。
- 他们在参与度的所有四个层级（Hawkins & Smith, 2006）上调动人们：（1）数据和信息；（2）行为；（3）感受；（4）心智模式和假设。
- 他们能够帮助他人在思考和感受的方式上当即发生有效转变（Hawkins & Smith, 2010）。

教练型领导者要起到带头作用，支持向教练文化的转变。这种带头作用不仅要体现在对各种教练活动的积极支持以及沟通方面，还要展现在行为上。20世纪80年代，英国航空公司（British Airways）进行了一场非常有效的文化变革，时任CEO的科林·马歇尔（Colin Marshall），去到“以人为本”领导力项目的每个小组当中，他不是去宣扬领导者进行倾听或教练的重要性，而是亲自去倾听小组成员提出的从根本上改善公司文化和业绩的想法。他尝试从每个项目中至少采纳一个建议，并大力支持该建议在业务中的实施，因而成为教练型领导者的榜样。行动总是胜于雄辩。

我访谈过的许多组织都已经建立起教练型领导风格，并将教练技能融进了组织的领导力框架中，这对领导力选拔和所有领导力发展活动都产生了影响。泰晤士河谷警察局报告说，他们新的领导力框架包含了成为教练型领导者这一项，这为新的领导力风格定下了基调。

除了成为教练方式的行为榜样外，高层领导者还可以通过以下方式积极支持教练文化的发展：

- 公开讲述自己从教练过程中获得的益处，并分享自己的学习和成长过程。没有哪个人重要或成功到不需要进一步学习或从失败中总结教训；
- 在团队会议、员工大会、与利益相关者的会议以及其他公共活动中，展现出好奇心和学习精神；
- 与组织内部及外部的教练社群定期进行对话，不仅与他们分享组织当下的挑战、战略以及战略性变革举措，还要听取他们在大量教练对话中发现的有关组织当前的氛围、文化模式以及促进或阻碍组织以最有效的方式向前发展的因素等信息。完成这些之后，教练项目的领导者就可以探索领导层和教练社群在应对挑战及增强优势方面的最佳做法，从而将教练社群转变为组织发展中的重要合作伙伴。

杰克·韦尔奇，这位彻底扭转通用电气业绩的CEO，他的领导力风格经历了从第一阶段到第二阶段的转变。在第一阶段，他对业务进行了彻底重组和重新定位，被称为“中子弹杰克”；到了第二阶段，他拿出 25% 的时间用于教练和培养整个公司的领导者。他意识到，伟大的领导者并不只是为扭转短期经营业绩而英勇战斗，更要做的是“伟大的领导者造就新的领导者”，并将领导文化转变为持续学习和发展的文化（Welch, 2001）。

将教练方式融入所有培训项目的内容和风格中

下一个重要步骤，是将教练方法融入组织内的所有领导力发展项目中。

第 1 章中，我展示了教练兴起的一个关键因素是工作中的培训和发展从课堂上的理论学习转向更加关注在职学习以及应对当前的复杂挑战。在这种应用性学习方法当中，教练起着非常重要的作用。当前大多数的领导力发展项目，要么采用个人教练方式，要么将教练方式运用到学习联盟、行动学习小组或教练实践小组中。

学习联盟、行动学习和“反思团队”

这种引导而非讲授式的学习方法，其起源包括雷格·瑞文斯（Reg Revans）的行动学习（Pedler, 1996; Revans, 1998）以及亨利商学院在其早期高管培训项目中开发的“学习联盟（learning syndicates）”（Belbin, 2004）。学习联盟由来自不同岗位和组织的管理者组成，对所赋予的真实组织挑战进行探索，按要求找到解决问题的方法。行动学习小组鼓励成员带来自己当前工作中的挑战，整个小组通过引导来对问题进行探索，让“问题提出者”能够制定出新的行动方案。迈克·佩德勒（Pedler, 1997）将行动学习定义为：

> 行动学习将组织中的人员发展与解决难题的行动结合起来……[它]使任务成为学习的载体，有三个主要的组成部分：对某个任务或问题承担行动责任的人；要采取行动的问题或任务；大约六位同事组成的小组，他们定期见面，彼此支持、互相挑战，开展行动并进行学习。

佩德勒等人（Pedler et al., 2005）在关于行动学习的研究中发现，大多数（超过 65%）的行动学习引导师认同以下几项关键要素：

- 由大约六人组成的小组；
- 对工作中真实的任务或问题采取行动；
- 任务或问题是个人而非集体的；
- 提问是帮助参与者完成任务或解决问题的主要方式；
- 借助引导师的支持；
- 任务或问题是由个人独立做出的选择。

这两种方法，学习联盟和行动学习，都可以看作团队教练的形式（Thornton, 2010; Hawkins, 2011a）。行动学习引导师和学习联盟引导师都需要接受训练，学习如何对小组进行教练以及如何使小组成员在与同伴合作时能够运用教练方法。事实上，在过去的 60 年里，行动学习已开发出一些原则，引导师可以介绍给学习小组，支持他们学习和使用。这些原则包括：

- 共享时间原则：每个人都拥有相等的时间来提出自己的问题，在帮助他人解决问题时也拥有平等的发言机会；
- 积极倾听；
- 避免给出建议和直接跳到解决方案；
- 使用探询式提问来打开所探索问题的可能性；
- 运用头脑风暴向前推进，分享类似的经验（但不是作为解决方案）；
- 帮助问题提出者找到新方式来应对要致力解决的问题；
- 回到工作中实践行动方案，在下次会议上检视行动进展。

另一种形式的体验式小组学习，借鉴了巴林特等人（Balint et al., 1966）的工作成果，并参考了他开发的反思性实践，这种反思性实践起源于医生。爱尔兰的外部教练玛丽·霍兰德（Mary Holland）对此进行了修改，以帮助欧盟委员会的领导者发展教练文化。

案例研究：欧盟委员会

欧盟委员会的《2000年改革白皮书》强调了有效管理的重要性，认为这对欧盟的持续成功至关重要。其中特别指出，需要提升整个委员会的管理技能标准以确保更有效的表现。随着欧盟的扩大和复杂化，对一些国家来说，加入欧盟所带来的文化冲击过大。这个问题在1995年瑞典、芬兰和奥地利加入后尤为突出。许多高级管理者因不适应长时间工作到晚上的这种非常官僚的政治文化而纷纷离职。欧盟希望引入一种更符合精英管理原则的制度，而不是原来的那种政治赞助和论资排辈。此外组织内还存在的一种担忧是，缺少女性管理者和领导者，以及管理者缺乏跨文化管理技能。

这个管理培训项目旨在提升部门负责人的管理和领导潜力，包括八个整天的培训以及一些加强学习和应用的后续课程。这个项目是所有部门负责人的必修课，在初始阶段采用了小组反思的方式，所以许多管理者在接受外部教练前就迅速体验并理解了教练式的风格。这为"解冻"组织主导的管理风格设定了标准并奠定了基调。

因为组织需要管理岗位上的男女比例更加均衡，所以我们一男一女两位引导师让管理者直接体验到性别上的差异。这通常意味着我是课程中唯一的女性。我们两位引导师还代表了文化的多样性，因为我们来自不同国家，都说法语和英语。各种投射行为时有发生，一些管理者看到有处于权威地位的女性与自己一起工作，产生了文化认知失调，感觉很有挑战。

这个管理培训项目采用了基于巴林特（Balint et al., 1966）开发的团队教练流程。"团队反思"方式，也就是团队教练，提供了一个安全的场所，让管理者可以谈论与关键员工或利益相关者的工作关系，并在具体事情上探讨自己是如何处理这些关系的。能够讨论自己的真实案例，这让大家有了许多机会可以相互联结，同时了解他人对多元文化管理的期望。每个小组都有一位经验丰富的教练做示范并管理流程，这样管理者们就可以通过处理自己的真实问题来打磨教练技巧。在项目开始的前几天，开创性地运用这种支持性教练小组，在帮助人们理解并参与到新的管理文化过程中起到了关键作用。群体是通过应对当前工作中的挑战来学习的，所以团队教练非常具有挑战性，同时也更具影响力。

团队教练是一种更有效的方式，可以通过调整节奏和重点、放慢速度来避免对新文化的抵触。由于语言和文化如此多样化，这些管理者工作时常常不能使用母语，有些人甚至不能使用自己擅长的第二语言，所以导致有些人有时很难进行自我表达。语言是教练过程的一个重要方面，所以团队教练在初期可能会产生比较大的焦虑。然而，处理好语言问题后，就促成了许多方面的改变，其中包括：促进了对于每个人角色的复杂性的理解和同理心；增加了战略性的联结；对问题持有者的理解；通过分享以及后续行动获得了新的学习和能力；对员工的感受有了更加敏锐的体察。从反馈中可以确定地看出，管理者们认为这次团队教练产生了变革性的作用。

教练实践小组

1976~1995 年，经历了学习联盟小组以及行动学习小组的工作之后，我开始对建立一种新的领导力发展形式产生了兴趣，希望将这些学习模式的益处集于一身，既能支持领导者学习教练技能，同时还可以帮助他们更有效地调动同事、员工和利益相关者。为此，我开发了一种新的方法，称为“教练实践小组”。与行动学习小组一样，教练实践小组由 5~7 人组成，这些人来自组织内的不同部门。非常重要的是，在这些小组当中，要最大程度地混合不同角色和人员，不仅是因为这已被证明可以使团队更有效地学习和运作（Belbin, 2004），还因为这可以减少小组成员给他人提建议或试图解决他人问题的机会，因为大家不太可能了解问题背景或具备必要的专业技能。

以下案例是安永会计师事务所在英国和爱尔兰为所有550位合伙人开设的领导力项目中应用教练实践小组的情况介绍。这个案例由我和安永英国领导力发展部门的负责人安德鲁·赖特（Andrew Wright）共同撰写，刊登于《战略人力资源评论》（*Strategic HR Review*）（Hawkins & Wright, 2009）。

> "领导力基石"项目有一半时间安排的是六人学习小组，每个小组由巴斯咨询集团的资深教练或培训师来引导。各小组内的合伙人系基于最大程度混合的原则匹配，分别来自不同业务单元、职能、区域办公室，资历也各不相同。这可以带来双重好处，一方面是这些合伙人能够在整个组织内建立新的人际网络，更重要的是，他们能够在相互教练的过程中，借助自身专业及局部知识之外的技能来创造改变。在学习小组中，组员会分享从内部及外部收集到的个人反馈，并将这种反馈与具体的发展挑战相结合。这就让学习小组以及组员个人都能制定出领导力项目目标。
>
> "这段时间里，真实情境会被带入到学习当中，这些合伙人可以尝试如何应对具有挑战性的工作情境。每位合伙人都有机会体验担当以下角色：
>
> - 处于真实关系情境中的领导者。
> - 需要转变领导者思维、感受和行为方式的教练。
> - 负责监督教练过程并帮助教练提高水平的影子教练。
>
> 变革型教练，其目的不是让问题或案例提出者只带走新的洞见或"必做行动清单"，而是要让他们在教练过程中产生"感受到的转变"，即关于

所带来的问题和案例，他们开始用新的方式思考、感受和行动（Hawkins & Smith, 2006, 2010）。巴斯咨询集团的研究表明，发生这种转变后，相较于人们仅仅怀着良好愿望离开，学习和将改变迁移回实际情境的发生几率要高得多。“领导力基石”项目结束时，所有合伙人对自己的优势和发展需求都有了更为清晰的认知，同时对于自己如何提升领导力以及在发展伙伴关系方面成为积极的变革推动者，也都有了明确的承诺。

“领导力基石”项目结束后，学习小组在接下来的6~9个月里继续约谈两三次作为跟进。约谈过程中，针对“领导力基石”项目中所制定的关系转变计划，这些合伙人会分享自己的进展，并针对新的内外部领导关系挑战进行进一步的教练。

结束语

向教练文化的转变，可以视为组织中发生以下三大转变的一个关键方面：

- 组织从派员工个人参加课堂式培训向学习型组织的转变；
- 从等级制组织向复杂 - 适应性组织的转变；
- 领导力风格从“命令与控制”式和“告知与推销”式向参与式、对话式以及教练式的转变。

在教练文化之旅的这个阶段，很重要的是，领导者要积极支持教练文化的创建——不仅在语言上、在决策上支持，而且最重要的是还要在行动上支持，起到榜样示范作用。领导者需要遵循圣雄甘地那句著名的格言：

> 欲变世界，先变其身。

第9章中，我将探讨如何培养教练风格（步骤6），不仅要在组织的领导力文化中培养这种风格，还要使其成为所有管理者管理方式的核心内容和管理风格。在讨论这些之前，我们需要了解教练是如何融入组织生活的其他方面的，如团队运行、员工参与、非正式教练会谈（步骤 4，第 7 章），以及组织的绩效管理和人力资源政策（步骤 5，第 8 章）。

7　步骤 4：超越个人正式教练对话，迈向团队教练及组织学习

引　言

我曾问过一位高管，她所在的组织进行了多少教练活动，她自豪地回答说：

> 我可能没法回答你，因为对我们来说，教练已经不再是那种关起门来一对一的密谈，而是我们组织内与员工、同事、客户、供应商以及所有其他利益相关者**开展业务的方式**。教练是我们建立关系的方式。

在第 10 章，我将探讨如何将教练作为调动利益相关者的一种方式，而本章介绍的是，教练对话从提供给少数入选者的个人保密性会谈，转变为涉及每个人的过程。我还会探讨从教练个人转变为将教练用于团队、团队会议以及组织活动的过程。

在创建教练文化的这个阶段，组织要探索如何从各种教练活动中收获学习成果，并将教练与整个组织的战略和发展相联结，这也是很重要的。当组织到达这个阶段，对于哪些员工要安排外部教练，哪些要安排内部教练，以及在员工职业发展过程中何时进行教练最合适，这些都已经很清晰了。然而，关于教练活动的沟通也需要改变。新的沟通要表明，教练不只是针对被选定

的个人关着门进行的保密性特殊会谈，更是一种调动他人的方式，这种方式可以鼓励他人对自己的挑战进行思考，整合新的视角并共同生发新的思考和行动，而这是任何一方通过独自思考都无法实现的。

走廊教练

巴里·奥什里（Oshry, 1999, 2007）在他那本简单易懂但却充满智慧的《看见系统》（*Seeing Systems*）一书中，谈到组织的第一定律是“总有事情发生”（stuff happens）。每时每刻，我们都会遇到“事情”——一个电话、一封邮件、一段谈话、一次无回应。奥什里解释了我们普通人回应“事情”的方式是自动化反应，并针对这个与我们互动的人编造故事（有时也不会，视情况而定）。我们很难忍受茫然不知，所以就编造故事。例如，当没有收到对方回复时，我们可能就会认为这是因为他们对我们很生气、他们不在乎我们，或者也许是因为我们不值得回复。通常，我们立马编造的这种故事，会把对方描绘成坏人、想要加害我们或者能力不行，所以我们想要报复这个假想出来的人！这就是污染所有组织环境的情绪噪声。

奥什里在介绍中展示了我们每个人如何时刻做出选择：是选择进入 A 门，做出自动化反应、编造故事；还是选择进入 B 门，停下来，保持一种非自动化的反应状态，努力维持伙伴关系。奥什里描述到，A 门总是敞开的，很容易进入，就好像门的另一侧有一只吸泵在拉着我们一样。而 B 门，乍一看就像是一堵砖墙，你必须自己努力去创造一扇门才能进入。然而，其他人可以帮助你进入 B 门，这正是“走廊教练”非常有用之处。

在我们所合作过的一些组织当中，我们发现，经常会有人找到同事说：“我能占用你五分钟时间吗？”这其实是一种非常清晰的信号，意思是“你能花一点时间和我进行一次非正式教练对话吗？我眼看就要进入自动化反应模式了，帮我管理一下这个关系问题吧。”

历经多年完善和发展，奥什里精心设计了一个组织模拟练习。这个练习模拟了一家公司，客户也包括在内。练习中设置了多个工作日，每个工作日是 12 分钟。12 分钟的工作日之后是个人反思，然后是“暂停”，此时整个系统互相倾听系统内各部分正在经历的情况。之后再进入到下一个 12 分钟的工作日。

我们与巴斯咨询集团和高管教练学院的同事们一起运用了这个组织模拟练习，并尝试了在 12 分钟的工作日里引入现场教练。为了高效，教练过程不能超过三分钟，因为三分钟已经占用一天时间的四分之一了！通过实验，我们将教练过程降到最低限度，帮助个体处理自己的自动化反应，并决定如何与系统中的其他人或其他部分建立有效的同理心关系。我发现，通过使用以下核心问题和干预措施，我们可以将教练对话简化至最精练的程度，并在三分钟内产生有效影响：

- 你希望从这三分钟里得到什么？
- 你需要与谁产生联系？
- 你现在有什么感觉？感受你的身体，看看你正在体验什么感受。
- 你认为其他人有什么感受，他们需要什么？
- 你如何将自己的需求与他们的需求联结起来？
- 那接下来你要做的是什么？

这是我发现的我们可以做到的最简短有效的教练对话。这样的教练对话，仍然符合 CLEAR 模型的教练流程：签约（contracting）、倾听（listening）、探索（exploring）、行动（actioning）和检视（reviewing），同时还鼓励学员在所有四个层面上的参与：数据或事实、行为、感受和假设（Hawkins & Smith, 2006）。此外很重要的是，这样的教练对话还聚焦于真实现象，没有给进入 A 门编造故事留出空间，鼓励与系统内的其他成员和其他部分建立富有同理心的联结。

20 世纪 80 年代，我曾支持英国航空航天公司的空客部门进行文化变革。当时该组织正在创建一种新的文化，在原来的文化当中，如果基层出现问题，需要经过六个管理层级向上汇报，而解决方案则要再经过这些管理层级传回到基层；而在新的文化当中，高层领导者需要清晰地提出挑战，并鼓励解决方案由系统产生。这就要求高管们打破习惯性模式，在走廊里碰到有员工找自己说有问题时，不是尝试替该员工解决问题，而是运用以下某个提问来回应：

- 谁最能帮你解决这个问题？
- 什么样的思维支持能帮助你把这个情况考虑清楚？
- 现在有五分钟时间，具体来说我如何可以最有效地帮助到你？

领导者之所以获得晋升，是因为善于解决问题，而不是因为善于教练他人。改变领导者这种根深蒂固的习惯，需要许多努力和支持。然而，对于从根本上改变企业文化模式而言，这又是至关重要的，因为员工不再将问题交给组织，而是在组织的支持下自己去解决问题。

团队教练

团队领导者必须要发生的一个最重要的转变，就是认识到管理团队和领导团队之间的区别。当团队领导者对团队进行管理时，他们会试图监督所有团队成员，承担起连接并整合个人成果的责任。这样一来，团队会议就成了“个人向老板汇报工作”的地方。而当他们真正成为团队的领导者时，则更像是团队集体活动的协调者，鼓励团队通过协作共同应对关键挑战和问题，共同对集体目标负责，而不只是对自己的个人目标负责。这种转变，需要他们能够对团队进行教练，而不仅仅是教练团队成员个人。

个人教练在过去 30 年里呈指数级增长，但团队教练的发展速度却要缓慢得多，最近才发展起来。在组织发展领域，多年来一直在开展团队建设和团队发展活动。这些活动往往关注团队生命周期的早期阶段以及团队的内部动力，包括团队成员个人之间的互动方式。直到最近，一种独特的团队教练方法才发展出来（Clutterbuck, 2007, 2010; Hawkins, 2011a），这种方法整合了四个不同的方面：有关高绩效团队的研究；组织发展领域中的团队发展方法；教练领域的方法；以及来自团队动力心理学领域的知识（Hawkins, 2011a, 第4章）。

组织常常发现，尽管领导团队由高度发展的成员组成，但团队绩效却是整体小于部分之和。针对工作小组、团队、优秀团队和高绩效团队之间的差别，人们进行了大量研究（Katzenbach & Smith, 1993a; Hackman & Wageman, 2005; Wageman et al., 2008）。事实上，韦格曼和她的团队对120个领导团队进行了研究，结果表明，教练活动是高绩效团队的一个关键方面。大部分教练活动由团队领导者提供，有时也会引入外部团队教练。在教练文化当中，所有团队领导者都会将教练工作视为自己职责的一个关键方面，他们不仅教练直接下属个人，而且还会对团队集体进行教练，使团队发挥出整体大于部分之和的作用。

要使团队教练活动产生成效和价值，首先需要具备三个前提条件：集体努力、抱负和求助的渴望。集体努力，指的是团队要有一种需要协同工作才能实现的宗旨和目标，这种宗旨和目标仅通过并行工作无法达成。抱负，意思是团队渴望比现在付出更大程度的集体努力。求助的渴望，指的是团队认识到自己在实现集体努力和抱负的过程中需要获得帮助。

在《高绩效团队教练》（*Leadership Team Coaching; Hawkins*, 2011a）一书中，我提出，对团队教练来说很重要的是，既要关注团队动力，又要关注团队绩效；既要关注团队内部彼此间的相互调动，又要关注团队对外部所有关键利益相关者的调动。此外，团队还要关注集体学习，推动所有成员的学习和发展。我这样定义这种系统性团队教练：

系统性团队教练是一个过程，在这个过程中，无论团队成员在一起还是分头工作，团队教练都服务于整个团队，帮助团队提高集体绩效、改善合作方式，提升集体领导力，更有效地调动所有关键利益相关者群体，共同进行更广泛的业务转型。

我将系统性团队教练与团队发展、团队建设、团队引导、团队过程咨询这几种形式进行了区分，以下是我对这四种形式的定义：

团队发展：团队所采取的任何方法，无论是否借助外部协助，其目的都是为了提升顺畅合作的能力和才能。

团队建设：团队发展早期阶段用于帮助团队的任何方法。

团队引导：一个（或多个）特定的人受邀帮助团队管理过程，团队从而得以解放出来专注于任务的方法。

团队过程咨询：一种团队促进形式，团队顾问参加团队的会议或规划活动，并就这项任务进行的“方式”提供反思与检视。

在《高绩效团队教练》（*Hawkins*, 2011a）一书中，我介绍了一个高绩效团队的五项原则模型（简称5C模型）：

1. 委任（Commissioning）。团队要想成功，就需要从建立团队的人那里获得清晰的委任。这包括清晰的宗旨，以及用来评估团队表现成功与否的明确标准。有了清晰的委任之后，董事会（针对领导团队而言）或上级管理层（针对其他团队而言）的职责，就是任命一位他们认为能够完成这项任务的合适的团队领导者。然后，这位团队领导者就要选择合适的团队成员，这些团队成员彼此之间相互吸引又兼具多样性，可以很好地共事，使团队发挥整体大于部分之和的作用。吉姆·柯林斯（Collins, 2001）将这个过程描述为“让合适的人上车”。
2. 明确（Clarifying）。明确了来自外部的委任、组建了团队之后，新团队的一项首要任务，就是在团队内部明确并发展自身的使命。共同创建使命的过程，会提升整个团队的责任感和清晰度。使命包括团队的：

- 宗旨
- 战略目标
- 核心价值观
- 令人向往的成功愿景
- 集体关键绩效指标
- 协议和工作方式
- 角色和期望

3. 共创（Co-creating）。拥有清晰的宗旨、战略、流程和愿景，每个人都愿意参加，这是一回事；而把这些都做到，却完全是另外一回事。如果不想让使命只停留在对美好团队的想象当中，并且真正想让其对绩效产生有益影响，那么团队就需要不断关注自己是如何创造性、生发性地合作的。这包括团队要留意到自身何时运转良好、发挥了整体大于部分之和的作用，同时还要留意并改变自己的消极模式、自我的限制性信念及假设。
4. 联结（Connecting）。有了良好的委任，明确了在做什么，共创了一起合作的方式，这些都很必要，但是还不够。只有当团队集体和个人联结并调动了所有关键利益相关者，团队才会创造改变。团队正是通过采取新的方式来转变与利益相关者之间的关系，以推动团队自身以及所在组织绩效的提升。
5. 核心学习（Core learning）。核心学习位于其他四项原则的中间及之上，指的是团队需要退后一步，反思自己的绩效和各种流程，巩固所学，为下一周期的工作做好准备。同时，核心学习还涉及支持和发展每位团队成员个人的绩效和学习。团队的集体学习和所有团队成员个人的学习齐头并进、相互结合，所有高绩效团队都会致力于这两个方面。

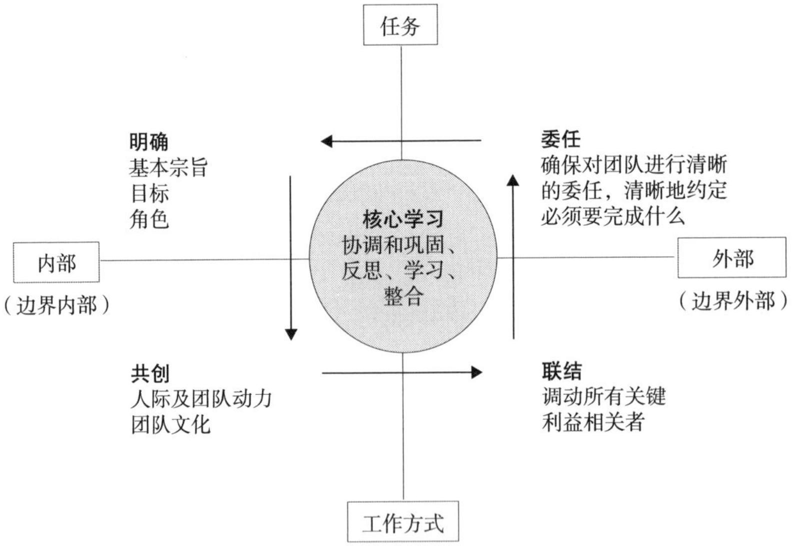

图 7.1 高绩效团队的 5C 模型

高绩效领导团队需要在所有这五个领域中发挥有效作用。尽管在这几个领域之间有着隐含的顺序，但这会根据情境、发展阶段以及团队的需要而改变。此外，这个过程是反复的，五个领域形成持续不断的循环。当团队的工作情境发生变化时，团队尤其是团队领导者，必须从赋予自己管理权力的领导者那里重新获得委任。比如，企业领导团队必须从董事会和股东那里获取对下一轮变革的支持。然后，团队就需要重新明确内部使命，共创新的、有效的合作方式，完成新的工作计划，同时与那些需要协调一致、参与到变革当中的利益相关者们再次进行联结。

要想有效地教练团队，就需要具备相应的能力和方法，运用 5C 模型中的每一项并将各项相互联系起来。虽然过去 30 年里已经出现成千上万训练有素的个人教练，但培养训练有素的系统性团队教练，还只是刚刚开始。然而，团队领导者开始认识到，除了教练和培养每个团队成员，自己的另一个关键职责是教练团队集体如何对内管理团队动力，对外调动利益相关者。

团队领导者在教练团队集体时，其中一个首要任务，是关注第三个领域团队如何共创并考虑如何提高团队会议效率。领导者可以通过引入教练方式来改进会议过程。团队教练如果做得好，不仅能打造出高绩效团队，还可以帮助组织在各团队之间建立更有效的合作，以下案例说明了这一点。

案例研究：耶奥维尔地区医院信托基金会

这家医院对组织架构进行了检视，决定需要进行三项重要变革：

- 将十个部门调整为三大部门；
- 在这三大部门分别引入医疗领导团队；
- 给这三大部门赋予更多运营管理权，让高管可以更加聚焦于医院对外的工作以及面向未来的战略性工作。

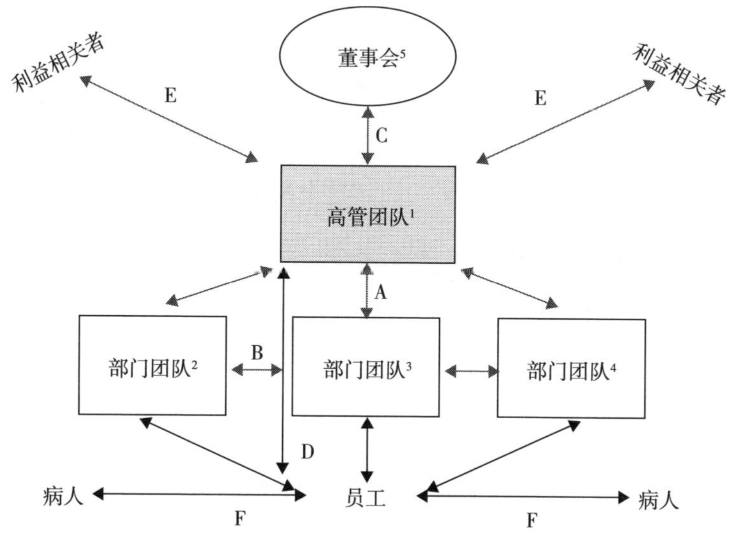

图 7.2　**信托基金会；五个关键团队，六种关键关系**

不过他们还意识到，要借助这些组织架构上的变革来推动组织文化方面的变革，避免在消除十个小的部门壁垒后又出现三个大的部门壁垒。高管团队聘请了一位团队教练，双方通过共同探询清晰地认识到，教练过程不仅需要聚焦于高管团队（1）、三个新的部门团队（2，3，4）以及董事会（5），更要聚焦于他们之间的联结关系（A, B, C）。这几种联结关系的改变，要放在其他几种关系文化改变的背景下进行，其他几种关系指的是：管理层和一线员工之间的关系（D），一线员工和病人之间的关系（F），以及高管、董事会与外部利益相关者如委托机构、监管机构和投资方之间（E）的关系。

项目当中针对五个关键团队（包括董事会）分别进行了团队教练，也安排了不同团队在一起的团队教练，各团队相互澄清了各自的角色和目标，厘清了自己需要从其他团队获得哪些支持才能更有效地达成自己的目标并实现整个医院的成功。

教练式团队会议

多年来，我和同事一直把 CLEAR 教练模型（签约、倾听、探索、行动、检视）作为教练、咨询和督导的一种结构化流程。后来在一次领导力发展项目上，一位领导者对我们说：“我可以用这个模型来召开会议、组织项目小组的研讨会。”这是一个创造性的飞跃，从那以后，我将这个模型用于高管团队教练以及项目和变革团队的引导工作坊。

- 签约：“今天我们需要达成什么？今天的成功会是什么样的？我们需要如何共同努力才能实现这一目标？”
- 倾听：“让我们把所有不同的观点、希望和恐惧都表达出来，确保我们把所有这些都听到，然后再向前探索。”

- 探索："让我们进行头脑风暴，找到前进所需要的所有可能要素。今天我们可以做些什么尝试？"
- 行动："那我们承诺要做的是什么呢？谁会做什么，什么时间？需要哪些必要的支持？我们如何在今天的会议上就开始呢？"
- 检视："那在这次会议当中，我们哪些方面做得很好？下次哪些方面我们还可以做得更好？"

许多高管团队和董事会已经运用这个模型来重构日常会议。

1. 开始时先签到，并针对成果签约。
2. 倾听进展以及新的挑战。
3. 对问题进行详细探索，以确保团队进行生成性对话，在某一关键绩效领域产生真正的新思考。
4. 针对要采取的行动达成一致意见，并表现出身体力行、充满热情的承诺，确保行动发生。
5. 结束时进行总结或检视。做法可以包括：对会议中有帮助的内容表达赞赏，或者分享个人承诺，包括会议收获以及将要采取的新行动。

教练式联结活动

团队领导者一旦学会了对团队的内部运行进行教练，就可以关注第四个领域"与利益相关者的联结"，探索如何在这些重要场合运用教练方式。

许多年前，我曾服务于一家大型国际金融公司，帮助推动整个公司的文化变革。项目早期，我受邀参加他们的年度领导力大会。公司里120位最资深的成员，花费巨资从世界各地飞过来，连续数日坐成一排排，听取高管团队每位成员轮流演讲。大多数人都在等待下午晚些时候的高尔夫球赛或深夜的酒会，因为那时是重要的社交活动。这些高管都是投资建议方面的专家，我问他们：从这次非常昂贵的年度大会当中，他们获得了多少投资回报。这个问题他们从未考虑过，也无法回答。但这个问题却足以激起一些涟漪，让大家产生兴趣去探究下一次年度大会如何为组织创造更多价值。

第二年的大会，是对传统的重大突破。大会的规划从与高管团队的签约开始：年度大会结束时，他们如何知道参会的高级领导者及管理者们发生了改变。我请他们起草一份清单，列出他们希望员工在大会结束时：

- 会有什么不同的想法
- 会有什么不同的感受
- 会说什么不同的话
- 会做什么不同的事

以此为起点，我们就可以与内部引导师团队共同设计一场活动了。这些引导师是从组织内各个层级和职能精心挑选出来的。我们的设计是基于这样一个提问：“什么可以创造出成果目标所表述的那种不同？”座位不再是一排排的，而是改成圆桌，每桌配备一位教练或引导师。高管们也不再是轮流上台“宣讲和推销”，他们谈论的是公司必须应对的挑战，然后提出一些挑战性问题，希望圆桌小组设法解决。每桌的教练都接受过训练，知道如何最大限度地调动全组的参与、激发创造性发散性的思考、整合并联结涌现出来的不同想法以及鼓励小组进行集体和创新性的反馈。以前在深夜酒吧畅饮时才会有的有趣而富有创意的对话出现在大会上，每个人都参与进来，为组织共创集体前进之路。

收获学习成果

本书前言中我讲过一个故事，说到我曾询问那些聘请了许多外部教练的

CEO 和 HR 总监们：

你认为在你们组织当中每个月会发生多少次教练对话？

几乎没有人能给出准确的数字，但大多数人会估计说有数千次，特别是如果把直线经理与下属的教练对话也包括在内，而不仅限于内外部教练的正式教练对话。接下来我会提出一个简单但却颇具挑战性的问题：

你们的组织是如何从这数千次教练对话中学习的？

他们通常会感觉很困惑，但同时也会很好奇教练活动如何带来组织层面的学习成果以及可见的组织收益。

大型组织当中，可能同时有许多教练项目在进行。三方或四方签约以及评估过程（见第 4 章和第 5 章）有助于将学习成果带出教练室，但这种学习也仅限于参与签约及 360 度反馈过程的少数几个人。而且，由于大多数教练合约的保密性，仍有大量的组织学习成果未能得以实现。巴斯咨询集团开发出一种方法，这种方法既保留了一对一教练关系当中的适度保密性，同时又能帮助组织从发起的大量教练关系以及内外部教练库的集体洞察中学习。这种方法称为“收获学习成果”，分为四个步骤：

1. 定期召集内部和外部教练群体以听取组织所面临的挑战，并举办一个讨论会，讨论组织的战略以及组织关于业务发展、组织发展、文化发展、领导力发展和人才发展相关的规划。
2. 然后，在遵守保密原则的基础上，以关键教练关系为题，把所有教练分成三人组（教练、督导师和观察者）进行督导。观察者会拿到一个表格，用来捕捉浮现出来的一些主题，包括：

（1）关于组织方向以及该方向对领导者和管理者的要求的清晰度和一致性。

（2）组织文化，包括五个层面：外在展现、行为模式、思维模式、情绪和动机根源（见第 3 章）。

（3）组织内的联结和断联。

（4）与利益相关者的联结和断联。

（5）人们如何看待教练这件事。

每人在每个角色上都有 30 分钟时间，还会留出一些时间针对督导师的督导过程进行反馈——这也是提供了额外的发展性学习机会。

3. 然后请三人组从三个督导环节的主题中寻找模式。我们有时会提供一些简短的系统性模式识别方面的知识输入和资料。这些模式会写在便利贴上，并贴到不同主题的白板上。然后，大家按主题板分成小组，每个小组对浮现出来的主题进行归类，识别将这些主题联结在一起的模式，然后再将这些信息反馈给大家。他们要找出促进或阻碍组织达成战略和发展目标的关键模式。

4. 然后会将这些促进或阻碍模式汇集在一起，并就浮现出来的关键主题组织一次高管团队和教练之间的对话。这次对话可以安排在同一场活动中进行，也可以稍后另外组织一次高管团队和内外部教练代表之间的会议。这次对话，在探索了浮现出来的主题之后，可以聚焦于如何使教练活动更有效地促进组织下一阶段的发展。

这个过程需要有一位顾问的引导，这位顾问不仅需要是经验丰富的教练以及技巧娴熟的教练督导师，而且还需要能够理解组织战略、文化变革、系统动力和组织发展。最重要的是，这位引导师要能够将高管的战略和业务语言与教练的过程性语言进行转换。这项工作需要将组织工作中的不同领域联结起来，其中包括战略和商业、组织发展以及个人的认知、动机和发展等领域，这样的人才很稀缺。

对于许多处于早期发展阶段的教练社群来说，这种收获学习成果的整个过程，听起来可能相当令人望而生畏，但是在教练社群进行年度检视时，可以考虑采用这个过程的简化形式作为其中一个环节。以下是这种年度检视的一个案例。

案例研究：电力供应局

爱尔兰首屈一指的电力公用事业公司，电力供应局（ESB），利用其最近召开的教练大会来应对这个挑战："我们要如何共同努力，让公司里的教练活动价值翻倍？"他们通过以这种方式陈述会议主题来建立一个框架，希望将教练群体的工作与组织的价值创造联结起来。

大会上，他们做了一个积极探询的引导，对浮现出来的主题进行了归类。以下是由各小组进行的主题归类。这些主题，主要聚焦于教练的运作方式，但后面的一些则涉及在更广泛的组织中发展教练文化：

教练的使用

- 确保所有教练都在做教练；
- "核心"教练——排满任务；
- 教练保持技能水平很重要——我们有许多"不太"自信的教练——需要保持技能水平。

教练的成长

- 教练活动要被视为教练的成长机会——而非额外的工作；
- 教练要确保自身的专业持续成长（CPD）；
- 督导、三人小组、"午餐学习会"；
- 举办关于专业持续成长（CPD）的大会和教练"充电"日；
- 外部演讲者为教练提供有价值的支持；
- 教练项目协调人与教练积极互动——被视为教练的第一个接触点和支持点；

- 当教练任务与工作或绩效无关（例如涉及职业生涯或生活方式）时，检查教练在公司里更广泛的作用。

教练过程

- 提升教练在业务上的地位——检查公关宣传等，并与绩效流程相联系；
- 准备和学习对教练任务的成功至关重要；
- 教练与客户的深度匹配；
- 正式教练需要整合到人力资源流程当中；
- 对正式教练过程的价值给予更大认可；
- 进一步纳入“最初100天”计划——将教练视为一种积极措施，而非补救性措施。

沟通

- 对教练活动赋予更大价值，与业务及公司战略保持一致；
- 教练协调人与直线经理之间需要不断沟通，以确保教练活动的价值得到理解；
- 教练要成为教练活动的大使。

教练机会

- 让所有层级都有机会获得教练的帮助（尤其是有重大变革因素时），及早规划干预措施（不要等到洪水来了才行动）；
- 让员工在职业生涯早期（如完成实习或学习时，等等）就可以获得教练帮助；
- 探索把“团体”教练作为一种发展机会。

督导

- 教练主导自己的学习——这会提高教练工作的质量；

- 从团体 / 团队督导中获得丰富的学习；
- 制定教练督导的结构。

绩效管理

- 直线经理不放弃教练责任；
- 管理者应确保目标明确，并对其进行衡量；
- 为管理者制定关键绩效指标（KPI），以确保其对员工进行教练 / 培养——通过调研来衡量效果。

管理者的教练风格

- 对直线经理进行培训，提高其教练技能；
- 直线经理要采用教练风格；
- 直线经理要给出更好的反馈——针对成果、表现、质量方面的谈话；
- 教练风格不仅是一种“有亲和力的管理者”技能，更是一项提升绩效的必备技能；
- 将教练能力考核纳入绩效管理，作为培养管理者教练风格的一种方式。

对这些方面的讨论帮助电力供应局制定了下一阶段的教练策略，其中包括在教练社群内建立五个项目团队，专注于以下几个新浮现出来的关键发展领域：

1. 为 2008 年逐渐发展起来的首个 100 天计划引入教练方式。
2. 提供团队教练来支持领导团队和项目团队的发展。
3. 将教练和培养他人确定为所有高级管理人员的核心领导技能，并提供培养这种能力的机会。
4. 聚焦于减少内部教练的数量并确保这些教练得到充分利用和持续成长。
5. 对所有内部教练进行督导，培养一些内部督导师。

结束语

在创建教练文化之旅的这个第四步，教练不再是为少数特定人群提供的私下进行的正式教练对话，而是开始演变为非正式的走廊教练对话，同时也被应用到团队会议以及关系建立的活动当中。对于许多组织而言，这是组织文化的根本性转变，通过短期措施无法实现。只有当后续两个步骤也落实到位时，这种情况才能持续下去：(1)将教练文化融入组织的人力资源流程中（步骤5，第8章）以及（2）培训并支持管理者发展教练技能（步骤6，第9章）。

8　步骤 5：教练融入组织的人力资源和绩效管理流程

引　言

关于创建可持续的教练文化，有两种常见的说法：

> 做了什么就衡量什么。
>
> 什么容易衡量，就衡量什么。

许多组织都会落入这样一个陷阱：一方面推崇教练的重要性，强调持续培养人才的意愿；另一方面却未能以各种方式去落地，制定目标并加以评估。这往往是因为相对于人员培养目标而言，财务和任务交付目标更容易衡量。想要创建教练文化的组织不应因此而却步，要将教练融入人力资源战略、运营以及评估的方方面面。

在第 3 章中，我介绍了教练文化需要与公司所有主要的人力资源战略相结合，而人力资源战略又需要与业务战略相结合。这些战略上的结合，为开展教练活动奠定了基础，并使教练风格融入所有人力资源流程，成为人力资源部门开展业务的一种方式。英国就业与退休保障部（Department of Work and Pensions，DWP）的做法就体现了这一点。

案例研究：英国就业与退休保障部（DWP）

英国就业与退休保障部针对其2008年的能力评审推出了四项重要的彼此相关的人力资源战略：“人员战略”“技能战略”“领导力和管理能力开发战略”以及“人员绩效”。然后，他们检视了所有教练活动，以确保有效地与这些人力资源战略的实施相协同。他们将教练战略与战略重点的达成结合起来：

- **学习和持续提升**：教练活动帮助DWP的每个人学习并不断提升；
- **专业能力**：教练活动为想获得认证或资质的人员提供支持，通过导师辅导来支持专业能力发展；
- **绩效提升**：直线经理将教练方式融入“人员绩效”流程，以提升绩效、完善人员发展规划；
- **领导力和管理能力**：教练和导师辅导是培养领导力和管理能力的关键工具；
- **客户服务**：融入教练技能相关培训，鼓励员工在适当情况下与客户进行教练式对话，运用教练活动提供更以客户为中心的高效服务；
- **变革能力**：参与业务转型的高管团队和个人可以获得教练机会；
- **员工敬业度**：强大的教练和导师文化，有助于提高员工敬业度和自主性。

本章中，我会先探讨如何选择出那些既能接受教练又能教练他人的领导者和管理者。然后，我会针对领导者和管理者角色中一个最重要的方面，即如何教练和培养下属，讨论如何制定个性化的目标和绩效衡量标准。最后，我会介绍如何将其与奖励挂钩。

确定既能接受教练又能教练他人的人选

在对高管团队的研究中，韦格曼等人（Wageman et al., 2008:97）指出，那些所谓的“危险的脱轨者”会妨碍高绩效团队的打造。危险的脱轨者指的是这样的团队成员：“拒绝遵守游戏规则”；“可能不遵守团队规范”；“拒绝接受 CEO 的领导”；以及“可能不认同企业战略、运营模式或团队的主要宗旨”。

> 脱轨者的麻烦之处在于：他们往往会把每个人都搞垮。更糟糕的是，他们往往听不进建设性反馈意见，相对而言教练活动对他们也不起作用。（Wageman et al., 2008:99）

韦格曼等人警告：

> 要谨防任何有以下行为的团队成员：
>
> - 经常当众抱怨和批评他人；
> - 激发出其他成员最差的一面；
> - 不就事论事，而是攻击他人；
> - 当面不说，背后乱说；
> - 总是与任何人、任何事唱反调；
> - 长期言行不一，说一套做一套；
> - 声称了解自身行为但似乎无法改变。
>
> （Wageman et al., 2008:101）

在领导英国广播公司（BBC）的文化变革过程中，格雷格·戴克对“批评者”和“怀疑者”做了区分。“批评者”类似于韦格曼提到的“脱轨者”，原则上会破坏所有变革过程，反对接受任何人的领导；“怀疑者”则会建设性地对变革提案提出挑战，同时对于被他人说服持开放态度（Dyke, 2004）。戴克引入了一个名为“清除批评者”的变革过程，其中包括清除任何向外部媒体提供有关 BBC 负面信息，而不是在内部提出批评的高级员工。同时为平衡此举带来的影响，公司大力鼓励所有员工，在自己所认为的任何妨碍进步或阻碍创造力的事情上，可以积极地向老板提出挑战。

就所耗费的时间、经济补偿以及潜在的诉讼风险而言，解雇脱轨者的代价可能非常高昂。最好的办法是从一开始就避免雇用他们。在甄选过程中发现潜在脱轨者最有效的方法，是让所有候选人都描述一下在上一角色当中所经历的最大失败及其原因。潜在脱轨者会立即表现出批评他人的能力，以及如何成为整件事情的牺牲品。非脱轨者则会在叙述中表明自己也有问题，哪些地方做得不对以及从失败中吸取了什么教训。

其他难以教练和培养的管理者，包括那些具有强烈自恋型人格的人（Kets de Vries, 2006），表现出成瘾行为或否认模式的人，以及有欺压员工倾向的人。我访谈过的一位人力资源领导者，解释了他们是如何基于价值观而非技能来招聘的，因为基于正确的价值观，你可以提升技能，但如果与公司价值观不一致，所具备的技能将无助于公司向前发展。

甄选过程中，还要确定管理者或领导者候选人的教练能力如何。以下是两个有用的甄选流程：

（1）安排一个现场教练环节，让候选人教练一位未来要管理和领导的那个层级的管理者；

（2）以口头或书面形式，向候选人介绍一些未来他可能会遇到的人员情况和员工困境，询问他们将如何解决这些问题。

以上两种方式可以结合运用，面试官告知候选人，自己将会扮演候选人负责领导、管理和培养的一位下属。角色扮演过程中，面试官会介绍一些典型的问题、困境和要求。有些组织会请演员来表演这些典型场景。

教练还有助于改变组织中领导者和管理者的人员结构。许多组织不得不与根深蒂固的性别或种族歧视作斗争，才能使高层中有更多女性代表，或者实现不同种族或国家背景人员的多元化。教练活动可以成为种族意识和性别意识项目中的关键组成部分（Ryde, 2009），而管理层培训则有助于实现性别平衡（见第6章欧盟委员会的案例研究）。第5章介绍了一个旨在帮助更多女性晋升到董事会职位的跨公司导师辅导项目，该项目展示了教练和辅导如何转变了双方固有的文化观念。

管理非绩效类工作

我经常询问那些参加领导力发展项目的人，他们花了多少时间来处理下属所负责的任务中出现的管理不善问题。他们通常表示从5%到80%不等，这意味着占用了他们大部分时间。大多数管理者之所以能在事业上取得成功，是因为他们善于解决问题，所以当下属带着问题找来时，他们的第一反应就是为他们解决问题。这必然会造成下属能力不足、产生依赖性，而自己却过度劳累、非常抓狂。

优秀的管理者知道，自己不仅要负责按时、保质、在预算范围内完成工作，而且还要担当起提升员工能力的责任。这通常会促使他们提高自身在教练和发展员工方面的技能，包括为员工提供支持，提升员工解决自身问题的能力。

当员工用自己的方式解决问题，而管理者却认为这种方式是“错的”、不能达到要求的结果时，问题就来了。此时，许多管理者会从教练的角色转回指挥官的角色，直接告诉员工要做什么。这会产生钟摆效应，导致员工不清楚是否受到信任、获得授权，可能会感到自己受到了打击。

所以就需要第三种做法，我称之为“在房间里应对挑战”，支持员工自己应对要解决的问题。采取这种做法时，管理者需遵循以下四个步骤：

1. 引导式教练。当员工带着问题找来时，首先的回应是向他们提出一些催化式问题，例如：

(1)“你会如何处理这个问题？”

(2)“有哪些可选方案？”

(3)“每个方案的利弊和结果分别是什么？”

在这样的引导下，员工可能很快就会找到适当的解决方案。

2. *直面差距*。如果员工未能做到这样，或者找到的答案管理者认为不合适，那么管理者就可以直接说出自己的顾虑，告诉员工他们的解决方案与需要达成的目标之间存在差距。通过这样做，就可以避免退回到直接告诉员工怎么做。表达的示例如下：

(1)“我没看出你的解决方案是如何达到客户甲（或其他利益相关者）的要求的。”

(2)“如果这样做的话，你会如何保证在预算内按时完成？”

(3)“你的解决方案会如何与其他正在进行的项目对接起来？”

3. *通过说明顾虑来提出挑战*。如果员工仍未提出令管理者满意的解决方案，那么管理者要做的就是当场明确地说出自己的不满。表达的示例如下：

(1)“我还是不太相信这会达到甲的要求。”

(2)“我现在还是不相信这能够按时或在预算内完成。”

(3)“为了确保这可以达成必要成果，让我能放心，我们要做些什么？”

4. *做出结论*。就满足双方角色要求和顾虑的内容达成一致，决定要采取的*行动以及行动时间、负责人和检视方式*。在这个阶段，还需要就不采取行动所带来的后果达成一致。如果表现太差，可能会给予正式的口头或书面警告。

将教练活动纳入平衡计分卡

设定个人目标时，许多组织都会采用某种形式的平衡计分卡。平衡计分卡最早开发于 20 世纪 90 年代（Kaplan & Norton, 1992, 1996），是一种将组织愿景和使命转化为可衡量的个性化目标的方法。它的四个基本角度是：

- 财务：一些相关的高层级财务措施（反映股东角度）。
- 客户：我们如何为客户增加更多价值？
- 内部业务流程：我们如何提高效率和效果？
- 学习和成长：我们如何持续提升，为所有利益相关者创造更大价值？

经过早期的发展，平衡计分卡已用于帮助设定与组织使命及战略相协同的个人目标和关键绩效指标。所有领导者和管理者，无论具体担当哪种任务角色，都要在自己的目标或平衡计分卡中，设定可衡量的与任务相关的产出及成果目标，同时还要设定清晰的员工培养目标，通过提升所领导和管理的下属员工的能力和才能来增加价值。这就需要与每位领导者和管理者在绩效会议上讨论以下问题：

- 他们的直接下属团队，未来一年里需要有什么样的绩效提升（团队平衡计分卡）？
- 要实现这样的绩效提升，未来一年里，从个人及集体的角度，这些直接下属需要在哪些方面进行学习和提升？
- 作为领导者，他们将如何进行教练，促成这些学习和提升，实现绩效变革？
- 他们将如何教练团队，使团队整体的表现和运行达到整体大于部分之和的效果？
- 他们要如何提升自己的教练和人员培养技能以及领导风格，更好地帮助下属在个人和集体两个层面进行学习与提升？

对这些问题进行讨论，能够确保对领导者的绩效管理不仅仅是基于他们自己工作任务的完成，而且还包含他们通过下属团队增加价值的能力。同时，这也确保了领导者不断提高自己培养和教练他人的能力。

接下来要做的就是，将上述讨论成果进行转化，纳入到这位领导者个人的平衡计分卡和关键绩效指标当中。

发展性对话

许多组织选择将正式的绩效评估谈话与员工个人的发展性谈话分开。其中有一些组织会把这两种谈话安排在一年中的不同时间段，但谈话都由同一个人（一般是直接上级）进行。惯常的做法是，在年终评估结束时进行发展性谈话，重点放在员工可能需要参加的培训课程上。过去 30 年来，已经出现了大量针对成人职场学习的研究和创新，也有许多关于学习型组织的文章发表。这些研究为获取丰富多样的学习机会指明了方向，并认为如果做到以下各项，学习效果会大幅提升：

- 关注实际问题；
- 学习者拥有学习的渴望；
- 学习者有机会同时调动认知和情感两个层面，将理论学习和体验学习相结合；
- 学习者能够尽快与他人一起将学习付诸实践。

关注短期发展时，有效的问题包括：

- 和去年相比，今年你有哪些新的学习和发展？
- 接下来这一年，你需要学习和发展哪些方面？
- 你学习和发展这些能力的最好方式是什么？
- 谁具备你可以学习的技能？
- 什么样的教练和导师辅导可以支持你的学习？

还有一些组织喜欢让员工与不同的高管进行发展性谈话。当我们与大型私募股权投资公司 3i 集团合作时，他们确保所有员工每两年与“老板的老板”

进行一次正式的发展性对话。这就使谈话的关注点远离短期绩效，转而着眼于员工个人的长期发展，以及如何让他们在组织内发挥最大潜力。这些谈话不但对员工个人有益，而且还有一个关键作用，即留住优秀员工，并让高管注意到需要培养和破格晋升的人才。人才之所以离职，一个最常见的原因是他们认为自己的潜力未得到认可，或者可以在其他平台上发展得更快。

在这种发展性谈话中，有效的问题包括：

- “五年后你想做什么？”——确定个人抱负；
- “为实现这个抱负，你需要发展哪些才干、能力和技能？”——共同确定所需的发展；
- “我们要设计什么样的学习机会（正式或非正式的、在岗或脱岗的），可以帮助你获得、发展这些才干、能力和技能？”——共同规划学习之旅；
- “哪些正式或非正式的教练和辅导，可能有助于支持并加速这个发展过程？”——共同对教练和辅导支持进行规划；
- “你认为自己有哪些才华尚未充分发挥出来，我们组织可以更好地利用的？”——发现隐藏的或未充分利用的才华；
- “你可以如何运用自己的经验和技能，通过教练、辅导、引导或培训的方式去促进他人的学习？”——探索员工未充分利用的发展资源。

最未被充分利用的一种学习模式是教别人，通常情况下，只有将所学教给别人，自己才能完全学会，也就是教才是最好的学。

很重要的是要记住，所有发展性谈话都要以教练的方式进行（见第7章），而且管理者和领导者一般都需要接受培训，学习如何有效地做到这一点。发展这种能力，一个好的起点是，在每次发展性谈话和绩效评估谈话后寻求反馈。具体做法是，在谈话结束时请员工给自己提出反馈意见，请他分享：“这次谈话时你所采用的方式，对我最有帮助的是……”；“未来这种谈话中，如果你还能……，那么对我会更有帮助。”

与奖励挂钩

重要的是，不要太早制定与教练活动挂钩的奖励指标，因为这样做会迅速导致管理者将教练活动视为获得绩效奖金所必须完成的另一项工作。允许对教练和发展他人的目标进行几年的发展和试行，不受与奖励挂钩的限制，这很重要。随着时间的推移，就有可能也有必要制定一套奖励体系，实现以下四个方面的平衡：

- 业务的整体绩效；
- 领导者所带领的部门或团队的绩效；
- 领导者个人的绩效；
- 领导者如何促使他人提升绩效。

这套奖励体系，可以确保领导者获得奖励是因为抽出精力促使他人完成绩效而减少了对自己工作任务交付的关注度。很明显，最后一个要素直接关注管理者和领导者所承担的教练、辅导和发展他人的职能，这是他们为组织创造价值的一个重要方面。

显然，很难为领导者的这项发展性工作制定硬性的关键绩效指标，因为有许多不可分割的因素影响着人们的发展。那些已经开始对此进行评估的公司，采用了严格的定量和定性相结合的方法。其中包括：

- 领导者或管理者教练和辅导员工的人数和频率；
- 他们开展培训和辅导的数量；
- 他们教练、辅导或培训过的人员给出的反馈和评分；
- 360 度反馈，包括以下问题：（1）他人报告的自己当年的发展成果；(2）该发展成果的促成因素；（3）他们认为其中多少比例应归功于该领导者。

很重要的是，不要在这方面形成一种完全官僚主义的、虚假的客观性（见

第 13 章）。对行为改变和文化变革的最大影响，来自对这个绩效要素的认可和衡量，而这种认可和衡量的方式，能够使领导者和管理者专注于自己的这项重要职能并对其负责。

结束语

在第 1 章中，我讨论了管理者将困难谈话外包给人力资源部，而人力资源部又转手外包给内部或外部教练的危害。本章中，我阐释了如何通过教练方式将这些谈话还给直线经理，使得他们提高教练和绩效管理能力，以创建高绩效的文化。这就需要组织将教练和绩效管理活动纳入到每位领导者和管理者的关键绩效期望和目标当中，并确保这一项与平衡计分卡的其他方面具有同等地位。将教练和绩效管理挂钩，也为评估教练的有效性提供了明确依据，这个主题我会在第 14 章进一步阐述。在创建教练文化之旅的这个步骤 5，组织需要以支持创建教练文化的方式进行员工招聘、发展、绩效管理、认可和晋升。在下一章（步骤 6），我会介绍如何培训管理者提升教练技能、实施这些人力资源政策和方法以及如何直接进行困难的谈话。

9 步骤6：教练成为整个组织的主要管理方式

要使教练成为主要的管理和合作方式，直线经理至关重要。（Anderson et al., 2009: 11）

引 言

文化变革需要由高层发起并给予许可，但这仅仅是开始。组织无法承受按其领导者的成长速度来发展和演变。组织中的许多中层管理者曾对我说过：“这里的文化无法发生变革，除非高层率先做出改变。”我反过来挑战他们：“你为什么认为，那些因昨日游戏取胜而获得晋升的人，会率先开创出明日获胜的游戏规则？文化变革是由高层发起的，但却需要由组织的中层——未来的领导者——来推动。”

我曾与一些培养了未来领导者的组织合作过，我们所采取的做法，不是向这些领导者传授成功的秘诀，而是让他们参与到项目团队中去，通常是在教练或引导师的引导下应对公司即将面临的最困难的中长期挑战。通过这种做法，这些组织将领导力发展与组织发展结合起来，彼此支持、相互推动。然而，如果组织真正想要发展教练文化，就必须超越领导力和人才发展，帮助所有一线管理者提升教练方式，用于对人员和任务进行管理。

教练型管理者

霍金斯和史密斯（Hawkins & Smith, 2006）提出了一个教练类型的渐进模型，从技能教练到绩效教练，再到发展教练、转型教练。前两种类型的教练，已经日益成为每位管理者工作的关键内容，而不再是可以外包给内外部教练的工作。这也使得专业教练的工作重点开始转移到了发展教练和转型教练上。

安德森等人（Anderson et al., 2009:1）为英国特许人事与发展协会开展了一项关于教练型管理者的研究，他们在研究中指出："教练型管理者并不是一个新的概念，过去十年里越来越受到重视（Ellinger, 2005）。"他们强调了管理者在工作中对教练技能的运用，并列举了一些研究（Hutchinson & Purcell, 2007）来展示一线管理者在"将组织要务转化为实践"、鼓励团队成员自发努力以及发展员工方面的重要性。然而，他们还指出："期待所有管理者都像内外部专业教练一样具备全方位的技能和技巧，既不现实也不合理"（p. 12）。

直线经理承担着许多不同的角色，有许多彼此冲突的优先事项需要处理，同时还面临着各种资源和时间方面的限制；而对于某些直线经理来说，教练又是一项累人的工作。因此，虽然教练式直线经理这种提法很好听，但往往和日常现实之间的落差非常大（BlessingWhite, 2008; CIPD, 2008）。

安德森及其同事（Anderson, 2009）的研究包括：与来自 69 家组织的 95 位代表进行讨论；对来自 10 家组织的 500 位管理者进行调研；以及对 4 家组织进行案例研究。基于所有这些回答，他们开发出一个管理者的教练特质两级模型，并称之为"基本教练特质"和"成熟教练特质"。

基本教练特质是指：

- 员工发展导向；
- 绩效导向；
- 提供有效反馈的能力；
- 进行规划和目标设计的技能。

成熟教练特质是指：

- 运用有力发问和探询技巧；
- 采纳他人意见；
- 采用更多共同决策；
- 鼓励他人解决问题。

在接受调研的所有研究对象当中，基本教练特质的分布面更广，而且显然也是发展成熟教练特质的必要前提。安德森等人发现，这些特质与年龄、经验、性别等这类特定因素都没有相关性。然而，在资深管理者身上却发现了更为成熟的教练特质。他们认为，这是因为资深管理者在人员管理方式上更加自信、技巧更娴熟。

与埃林杰（Ellinger, 2005）和安德森等人（Anderson et al., 2009）一样，我认为让所有管理者都成为教练是不现实的，对于一家组织来说，要想在当前的社会和经济环境下取得成功，很重要的是所有管理者都至少要具备基本的教练水平，能够运用教练方式进行管理。我还认为，只有当组织开始在全体管理人员中培养教练技能时，创建教练文化之旅才会走向成熟。

每位管理者均应具备的关键教练技能

在第8章中我们了解到，要培养领导者的教练风格，首先要制定出一种管理方法，将绩效导向与培养员工的责任结合起来。这就要求管理者：清晰地了解组织的绩效目标，并知道如何将其转化为员工的团队目标及个人目标；设定明确的绩效预期；向员工针对其当前绩效提供高质量的反馈；帮助员工提升以改善其绩效。只有奠定了这些基本的教练基础，管理者才能发展出更加成熟的教练特质，那时候他们能够运用更成熟的教练方法，将更具参与式和发展式的风格纳入到自己的管理方式当中。

然而，我观察过的许多组织都迟迟未能意识到，要做到以上这些，就需要所有管理人员提升核心教练技能，而这个提升过程又需要嵌入到管理培训的方方面面：从入职到培训，再到工作中接受教练和辅导。接受上级管理者的良好教练，是培养自身教练能力的一种最佳方式。通过回顾我所研究过的最佳公司的一些核心要素，针对管理者基本教练技能课程，我总结出以下 11 项关键要素：

1. 清晰的教练定义。首先要设定清晰的框架，对教练和教练技能进行定义。这种定义需要区分不同形式的教练（例如，技能教练、绩效教练、发展教练、转型教练），并指明以管理者身份学习教练技能与成为专业教练之间的明显区别。此外，还要清楚正式教练与非正式教练、个人教练与团队教练、反思性教练与现场教练这几种形式之间的不同之处。
2. 构建教练对话。简单的模型对于管理者构建教练对话具有重要意义。许多组织选用的是 GROW 模型（Whitmore, 2002）或 CLEAR 模型（Hawkins & Smith, 2006）。还有一些组织则根据自己的文化和环境，对这些模型进行了适当调整。英国皇家海军的一些部门采用了 CLEAR 模型，并将其转换为易于记住的流程，记录在一张小卡片上，让管理者可以随身携带（见图 9.1）。
3. 订立合约。订立教练合约，不仅仅在正式教练中才有必要。第 7 章中，我举了一个例子，帮助管理人员打破了许多走廊谈话中的习惯，在这些谈话中，员工带着问题找到他们，他们就会尽力替员工解决问题。只有在开启谈话前订立合约，确定需要什么，他们才能打破员工对自己的依赖性，打破自己替员工解决问题的习惯。

   简单订立合约，需要明确的内容包括：（1）谈话的目的和成果目标；（2）为使谈话成功，双方各自的责任；（3）时间期限；（4）任何必要的协议，如保密性。

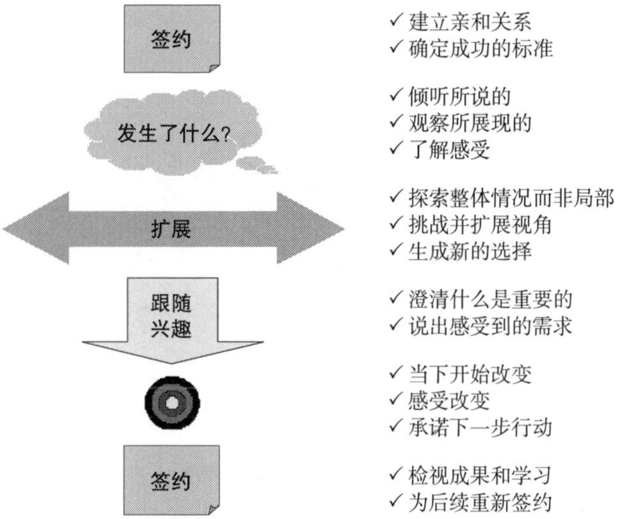

图 9.1　皇家海军转换后的 CLEAR 模型

4. 四个层次的参与。许多管理者习惯于关注所呈现的事实，聚焦于“摆在那儿”的问题。教练技能培训要帮助他们还关注到问题所有者的行为、他们对这种情况的感受和情绪以及阻碍他们前进的假设和信念。这些就是我的同事尼克·史密斯（Hawkins & Smith, 2006）所创建的四层次参与模型（见图 9.2）。
5. 积极倾听。我沟通过的许多管理者，在谈及他们所接受的教练培训时，都提到说自己学到的最强有力的技巧就是倾听。他们原来一直认为倾听是理所当然的事情，却没有意识到原来如此需要技巧。霍金斯和史密斯（Hawkins & Smith, 2006）提出了倾听的四层次模型。这四个层次从调整注意力开始（第 1 级），然后进行准确和积极的倾听，对倾听到的内容进行回放（第 2 级），接着是同理心倾听，倾听者与对方的感受产生共鸣（第 3 级），最后是纯粹的倾听，创造空间让新的觉察、思考、状态得以生发（第 4 级）。真正高质量的倾听需要大量的实践。

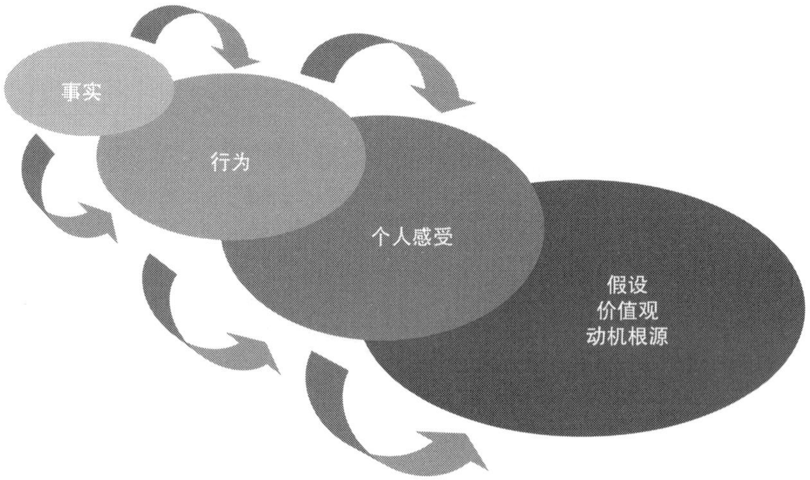

图 9.2 **四个层次的参与**

6. 托伯特互动风格。比尔·托伯特在其关于适时转变领导力的著作中，描述了大多数管理者在与员工互动的模式中过度使用了一种方式——主张（例如主张自己对问题的解决方案）（Torbert, 2004）。他展示了管理者可以通过扩展采用多种风格来变得更加有效：

   - 探询（inquiry）：运用探索性问题，对正在发生的事情达成进一步的共同理解；
   - 阐述（illustrating）：使用故事、图像和示例来说明可能的情况；
   - 框定和重构（framing and re-framing）：提供新的框架和视角来考虑当前的情形。

7. 有力发问。开发了图 9.1 所示教练流程的英国皇家海军部门，还为管理者提供了另一张卡片，上面写有针对每个阶段的实用提问（见图 9.3）。
8. 现场把握挑战时机并提供反馈。能够在多大程度上成功挑战他人而不引起防御心理，取决于你和他们先前建立的亲和关系到了什么程度，这包

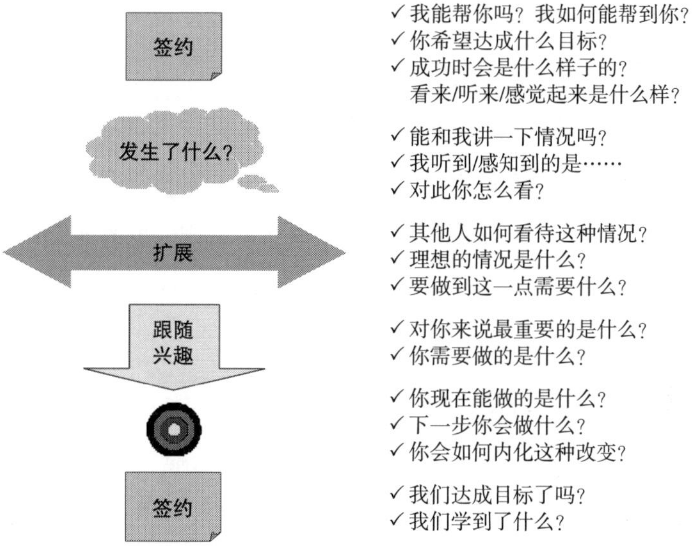

图 9.3　教练和咨询：实用提问

括让他们感觉到你不但能理解他们的话语，还知道他们的感受。正如任何类型的良好反馈一样，有效挑战要符合明确（clear）、担责（owned）、定期（regular）、均衡（balanced）以及具体（specific）的标准（即 CORBS 模型，参见 Hawkins & Shohet, 2006）。要建立在可观察的行为上，而不是基于对他人人格的评价。大多数管理者都善于指出员工哪里未达到要求，但却不善于描述出什么是“令人满意的结果”，以及清晰地说明员工需要设法填补的差距。

9. 规划及设定目标。贯串本书，我说明了如果止步于洞察、觉察和良好意愿，这样的教练过程是不足够的。这一点也同样适用于管理者运用教练技能的过程。很重要的是，要知道如何从探索转向制定具体计划，确定要做什么、采取行动的时间以及员工会有哪些新的做法。

10. 行动。仅有计划也是不够的。谈话现场就要开始改变，这样以后才更有可能贯彻执行。这就意味着，要针对所计划的对话请员工演练开场语，展示他们会如何运用不同的方式进行互动，或使用其他技巧帮助他们从认可计划转变为具体承诺。

11. 管理进展并落实责任。管理者还需要学习一些技能，以持续推动进程并确保员工对其已同意的事项持续负责，例如，发送双方已达成共识事项的简短记录，在下次会议上对进度进行正式检视，或者非正式地询问行动的进展情况。

管理者运用教练方式领导团队

以上内容可以帮助所有管理者发展基础教练技能和基本教练特质。但是，为了帮助他们转向更成熟的教练方法，还需要帮助他们发展出一种教练风格来领导和管理团队。安德森等人（Anderson et al., 2009）展示了具备成熟教练特质的管理者如何运用探询技巧来帮助团队成员产生更多集体想法，做出更多共享决策，进而共同解决问题。

第 7 章中，我介绍了高管团队和董事会可以用来召开会议的教练方式。这在很大程度上有助于管理者提高组织会议的效率。在创建参与度更高的团队会议中，南希・克兰（Kline, 1999:102）提出了一个非常方便的方法，用来增加会议中的“思考时间”：

开始时：

1. 给每个人提供发言机会。
2. 请每个人说一下，在自己的工作或小组工作中，有哪些方面进展得很好。

过程中：

3. 在开放甚至激烈的讨论中，保持关注但不要打断。
4. 运用精准的提问，揭示并进而去除限制性假设。

5. 当思路陷入死胡同时，将大组分成“思维伙伴”小组，给每个人五分钟时间不受打断地边想边说。
6. 不时地转一圈，让每个人都有机会说出自己的想法。
7. 还要允许分享事实和信息。
8. 允许情感的表达。

结束时：

9. 询问每个人，他们认为会议中哪些方面做得不错以及彼此相互欣赏之处。

在第 11 章中，我会介绍瑞典公共部门的一个文化变革项目，看看他们是如何运用新的方法来管理团队并教练员工的。

组织教练技能培训项目的最佳实践

许多组织已经为管理者和团队领导者引入了教练培训项目。第 5 章的一个案例研究,介绍的是英国广播公司为其直线经理引进教练项目。在第 6 章中，我介绍了安永合伙人所使用的教练方法。此处我要介绍的是，研究中我遇到的一个最好的教练技能培训项目，那就是南方铁路公司（Southern Railways）的教练培训项目。

案例研究：南方铁路的教练故事

2001 年，中南铁路公司（South Central railway company）获得了英格兰东南部铁路的特许经营权。他们接替了之前的特许经营商康奈克斯（Connex），同时也承继了业绩不佳、产品低劣、员工士气低落的现状以及命令控制型的文化。2003 年，他们重塑品牌并更名为“南方铁路”，并投资10亿英镑，用于购建新的列车、车站、设备和站点。

2004年，他们启动了一个名为“领导南方”的领导力发展项目，有250位管理者参加，项目内容包括提供个人教练支持，帮助管理者消化和吸收360度反馈的结果。在评估这一领导力发展过程时，他们发现，教练方式可以成为将领导力理论培训与新型领导和管理方法联系起来的主要途径，而这一点在工作中已经开始出现。因此，2005年他们推出了第一期教练项目。2006年，他们的人力资源战略纳入了以下关键目标：

发展教练式和引导式的领导力风格。

2006年，在克服了来自高管层的一些阻力后，他们推出了第二期教练项目。项目负责人把这些阻力转化为学习机会，在教练、领导力、业务成果和战略之间建立了更为紧密的联系。2007年，他们的教练项目获得了国家培训奖，并于2008年推出了内部教练服务。

2008年，南方铁路的总裁克里斯·伯切尔说：

> 我们现在是一家非常成功的企业，为客户提供出色的服务。我认为，我们之所以能做到这一点，无疑要归功于我们对于转变领导力及管理风格的关注。一个重要的促成因素，是我们的教练项目以及我们在管理培训中应用的教练知识和原理。

他的这些话并非泛泛之谈，而是有硬性的商业指标作为支持。其中包括他们已经取得了最好的服务绩效、可靠性指标以及行业内前所未有的客户满意度分数。员工流动率下降了30%，员工缺勤、申诉、纪律听证会和诉讼数量悉数下降。然后，2008年，公司又赢得了一项新的特许经营业务——盖特威克机场快线（Gatwick Express）。同时，现有特许经营权也继续保留下来，将在没有政府补贴的情况下一直运营到2015年7月。在此期间，公司设定了更具挑战性的业务目标，将对火车和车站改造项目进行重大投资（超过 7 000 万英镑），而且在支持变革方面，领导者群体的能力和技能比以往任何时候都更为关键。

作为评估的一部分，参与项目的管理者在领导力和教练项目实施之前和之后都会获得 360 度反馈，同时还要按要求针对项目、自己的领导和管理方式以及自身业绩的改变给出反馈。南方铁路还认为，在教练质量方面建立外部基准非常重要，因此资助了 80 位管理者（含 7 位高管）去获取领导力与管理学院（Institute for Leadership and Management, ILM）的第 5 级教练资质。

与此同时，指导委员会的成员一直在确保对教练活动与业务目标的联结点进行监控。第一个联结点是员工敬业度，通过员工满意度调查来衡量。第二个联结点，是员工流动率、缺勤率、纪律听证会和申诉的减少。第三个联结点是服务绩效和可靠性。第四个联结点是顾客满意度。在领导力和管理能力的发展与业务成果之间建立这种清晰的影响链关系，对于获得高管的持续支持至关重要。

倾听他们的故事时，这位总裁在整个旅程中所展现出的那种坚定的热情和投入给我留下了非常深刻的印象，而使我印象更深的是他们播放的视频。在这些视频当中，一线员工谈到事情发生了怎样的改变，同时许多管理者谈到，学会成为教练型的管理者，从根本上改变的不只是自己的管理方式，更是与人沟通的整体方式。以下两段内容是管理者具有代表性的分享：

> 对我来说，教练之旅让我发现：发展教练技能，就能成为更高效的领导者。学会成为有效的倾听者，不做滔滔不绝的人——学会恰当地提问，可以更轻松地从他人身上获取更多成果。（列车维修站经理）
>
> 这已经超出了教练的范围，它完全改变了我所认为的与人交谈的方式。（财务总监）

支持教练管理者的发展

与培养内部教练一样（见第 5 章），重要的是，教练培训并不仅限于短期的工作坊，还要通过进一步的持续发展来保持学习成果，进一步提升管理者对员工进行教练的能力。这可以通过多种持续的学习方法来实现，包括：

- 行动学习小组；
- 教练实践小组（见第 6 章）；
- 经验丰富的教练带领的督导小组（Hawkins & Smith, 2006）。

以上每种方法，都可以为 6 至 9 位管理者提供机会，帮助他们与其需要教练和发展的员工建立重要关系，积极探索如何更好地处理这些关系。有些组织还开发了同侪教练网络和流程，鼓励管理者在组织内寻求相互支持和教练。

结束语

把所有管理者都培养成为教练，既不可能也不合理，但可以让所有管理者都具备教练技能，并将之融入日常的人员管理、召开会议或绩效和发展性谈话中。有些组织将教练培训纳入常规的管理发展培训项目中，还有一些组织则为管理者的教练工作提供专门的教练技能培训以及持续的支持和发展。

在第 10 章中，我将探讨教练方法如何超越组织内部领导与管理方式的范畴，成为组织的领导者及一线员工调动客户、合作伙伴、投资者、监管机构及所处社区的利益相关者的一种方式。

10　步骤 7：教练成为组织与所有利益相关者开展业务的方式

引　言

前面我们一直在关注如何在组织内部创建教练文化，使其渗透到领导力、管理、人员发展、员工绩效管理、员工筛选等多方面。最后一步是要创建一种教练型方法，帮助组织与其利益相关者开展各项业务，以建立高质量、高价值的合作关系。这些利益相关者包括客户、供应商、投资方、合作组织、监管部门以及所在的社区。

20 世纪 90 年代，英国皇家艺术、产业与商业促进会（RSA, 1995）推出了一个非常创新的调查流程来预测“明日公司”是怎样的。参加这一研究的成员来自各行各业不同类型的组织。在报告中 RSA 认为，很多商业公司都太过专注于为股东提供短期收益，而没有足够关注到为其他利益相关者提供价值。这项研究产生了很多有价值的成果，其中之一就是建立了一个新的年度报告模型。公司能够使用这个模型来展示从以下各类利益相关者获得的价值以及公司为其贡献的价值：

- 投资方
- 客户

- 供应商及合作组织
- 员工
- 公司经营所在的社区

我在自己运作公司的时候，曾经使用过这个利益相关者模型，我给很多公司当顾问时也用过。不过，我在使用时加入了另一个关键的利益相关者——自然环境，这一方面人们很少主动去思考。过去，对于社区的贡献和社会责任的承担通常都是这样做的：企业从利润中拿出一部分，为“值得的事由”做慈善捐赠，同时宣传其道德行为准则与企业价值观。然而，要创造一个可持续发展的世界，这种方法已经远远不够。所有的组织都需要对全部利益相关者负责，无论是与人相关还是与自然相关。组织需要以长期、持续的方式做出多于其收获的回报。这包括承担起对自然环境的责任，“而不仅仅是对人类社会的责任”，从而确保组织的回报大于索取。

20 世纪伟大的系统论思想家格雷戈里·贝特森曾经写道：

> “19 世纪中期，达尔文提出了自然选择和进化论，认为生存单元是家族、种群、亚种群或其他类似的形式，这与当时英国的整体思想氛围相一致。但是今天看来，很明显，这并不是真实生物世界中的生存单元。生存单元是生物加上环境。我们从惨痛的教训中学习到，那些破坏环境的生物也会毁掉自己。”（Bateson, 1972: 459）

正如贝特森所指出的那样，我们需要认识到，单个组织从来都构不成生存单元和高绩效单元。狭隘地关注自己的领域，在自己的领域内取得竞争性成功，最好的结果只是带来自己领域在系统中达到局部最优，而最坏的结果却是破坏系统赖以生存的环境。成功始终是关系性的。所以组织始终处于与环境、生态位以及系统背景的关系当中。

思想家迈克尔·波特在战略领域具有重要的影响，他曾和同事马克·克雷默一起，为《哈佛商业评论》（Porter & Kramer, 2011）写过一篇具有开创性的文章，论述了“共享价值”这一理念。他们在文中指出，当前的经济和全球危机，部分原因是公司目标和社会进步之间的一致性被打破了：

> “公司……被困在沿用了几十年的旧的价值创造方法当中。它们还在狭义地理解价值创造，一厢情愿地将之等同于短期财务业绩的优化，却遗漏了最重要的客户需求，忽略了确保其远期成果的更广泛的影响因素。”（Porter & Kramer, 2011:63）

他们还倡导：

> “解决之道源于共享价值观原则。企业在创造经济价值的同时，也要关注社会的需求和挑战，从而创造社会价值。组织必须重新建立企业成功与社会进步之间的关联……这种联结要根植于企业的中心，而不是置于边缘。我们相信这会引发下一轮经营思想的重大转变。（Porter & Kramer, 2011:63）

与波特、克雷默、贝特森一样，我也认为组织变革要想真正实现价值，就必须改变组织运作方法，紧密联结所有利益相关者，并为其创造价值。价值创造方法不再仅仅是通过产品或服务，还要通过高质量的关系。改变一个组织的内部文化本身并不是最终目标，我们要通过更好地建立与客户、供应商、合作组织、投资者、监管部门、所在社区的教练型关系，创造新的共享价值观的先决条件。

各类组织的高管已经意识到，他们领导的企业已经不只是一个由组织架构图里的员工所界定的封闭型组织，它以自身为基点，向上游延伸到供应商的供应商，向下游延伸到客户的客户，整体贯穿。

> “随着组织变得愈发灵活，管理者和员工的思想意识成为组织真正的边界……传统的组织架构图所描述的世界不复存在了。”（Hirschorn & Gilmore, 1992）

因此，要想全面创建教练文化，组织高管需要探讨：如何让教练文化贯穿价值链的每一个环节，为组织与所有关键利益相关者的关系提供帮助。

教练客户

20世纪50年代，我还很小，那时劳动力很便宜，所以尽管我家并不富裕，买不起汽车，但所有食物和物品都会有人送到家。后来，当我们买得起汽车时，加油站会有人给车加油；机场工作人员会为乘客签发机票，办理值机；银行也提供私人服务。后来慢慢地，客户学会了很多事情自己做。随着我们进入自助服务时代，员工已经由服务客户转变为教练辅导客户。

在首次推出自助值机时，英国航空公司培养了一批自己的值机人员，作为教练指导客户如何自助值机。在一些服装店里，你在挑选衣服的时候可能正在享受一种教练服务，穿衣风格教练会指导你如何搭配出自己独特的穿着。在这一过程中，许多客户教练学到了很好的基本教练技巧：

- 识别客户是否需要帮助，客户要达成什么目的（订立合约）；
- 询问客户已经想过或尝试过哪些方法（倾听）；
- 探索客户可能感兴趣的其他替代方案（探索）；
- 在客户试穿衣服或者办理自助值机的时候，提供支持（行动）；
- 征求反馈，询问客户是否需要其他帮助（检视）。

许多公司的销售部门已经修订了销售培训方案，无论是商业、制造业、金融服务还是其他专业服务，培训中都更多地融入了教练方法。最常用的是SPIN销售法，其本质就是运用教练方法来销售。SPIN是由尼尔·雷克汉姆（Rackham, 1988）和他的咨询公司哈斯威特（Huthwaites）共同开发的。为此他们进行了广泛的研究，监测了超过35 000个销售电话。SPIN分别代表教练型销售对话的四个关键阶段：

- 现状（Situation）
- 难点（Problem）
- 影响（Implication）
- 需求－回报（Need-Payoff）

教练型销售员不再是一上来就推销自己产品的好处，而是先确定客户的*现状*。所以草坪割草机的销售人员会这么问客户：“您的草坪是什么样的？多大面积？”得到现状的清晰描述后，他们接着询问*难点*：“您现在的割草机有什么问题？您在修理草坪时遇到了哪些难题呢？”得知客户当前的难题之后，教练型销售员会继续跟进，了解这些问题带给客户的*影响*。如果客户说他的草坪中间有很多树，而他的机器不能贴近树木作业，销售员会问清楚这对客户的影响是什么：例如，树木周围的草坪看上去很凌乱；修剪草坪需要更长的时间；客户要自己弯腰去手动修剪，而他的背又不好。这个阶段有助于建立“亲和的销售关系”，同时加强买方要改变现状的动机。这一步还为销售员有针对性地提问提供了信息，引发客户明确表达他的特殊要求以及对新割草机的功能需求。接下来教练会向客户回述自己对客户的*需求－回报*的理解：“那我了解了，您需要一部割草机，能够让您不用弯腰剪草，同时减少您每周修剪草坪所花的时间，还能整齐地修剪树木周围的草坪，又不损伤树木。”

经过哈斯威特公司 SPIN 模型培训的第一批销售员取得了 17% 的业绩增长。后来他们又与施乐公司（Xerox）合作，在这个过程中他们发现，如果不给参加过培训的销售员提供后续的教练服务，培训带给销售员的成果会下降 87%。

许多行业领先的公司也纷纷开发新方法，邀请客户参与到产品开发中来。在这个过程中，客户会先与产品设计师和工程师进行教练约谈，讨论如何创造一种最能满足自身需求的产品。一个典型的例子是波音公司开发的 777 客机，从开始研发到交付使用只花了 4 年时间，而当时行业内的平均时间约为

10 年,这样的速度真是令人赞叹。波音公司与一些最主要的航空公司签约（全日空航空、英国航空、国泰航空、达美航空、日本航空、澳洲航空、美国联合航空公司），邀请它们加入“共同工作组”。它们在 1990 年召开了第一次会议。会上，各航空公司都收到一份长长的调研问卷，以确定乘客对未来飞机的具体需求。调研结果经过全体讨论（倾听阶段）被纳入基本设计规范。1993 年 1 月，它们在波音位于华盛顿的埃弗里特工厂举行了一个重大活动，设计师、开发人员、所有客户伙伴团队都参加了。所有人被分成了 240 个设计团队，每个团队最多有 40 位成员，分别负责飞机的各个组件，一共攻克了 1 500 个设计难题（探索阶段）。然后，波音公司进一步把设计方案输入一个完整的计算机虚拟模型进行测试，并在各阶段邀请客户参与，帮助它们改进设计。波音公司 1994 年开始交付飞机成品，到 1995 年就已经开始商业飞行了（行动阶段）。最后一步，波音公司召集客户小组一同从这一过程中进行学习，以使未来的设计更完美（检视阶段）。

对服务对象应用教练技巧

在公共部门或民间社团，一些机构通过教练方式与服务对象形成了与众不同的良好互动。尽管目前尚存争议，但我依然认为，那些以助人为职业的人士在与服务对象打交道时，恰恰采用了目前我称之为“教练”的方式，并将其视为互动的关键所在（Hawkins & Shohet, 2006）。医生、护士、社会工作者、教师、心理学家、心理治疗师将专业技能与助人之道相结合，帮助客户为自己获取健康、教育和幸福承担责任。有些人甚至认为，如果助人者做不到这一点，情况会更糟糕，因为这等于使受帮助的人丧失了照顾好自己的能力（Illich, 1997）。对于世界上最贫困、面临问题最严重的国家来说，那些支援它们的发展机构最关键的作用是增强当地人民的自救能力，而不是使它们更依赖发展机构的专业能力。乐施会（Oxfam）就开发了自身的教练文化，之后将其推广到发展项目的工作中。

案例研究：乐施会

乐施会是全球最大的致力于国际贫困救助的慈善机构之一。在2009~2010年度报告中，它引用具体事实阐述了在64个国家及地区的1 700万人中开展的工作。在过去七年里，从位于总部的高级管理团队到遍布世界各地的项目团队，乐施会一直致力于发展自身的教练文化。2007年，教练主管丽兹·兰伯特阐述了乐施会的教练策略：

> 这份文件详述了乐施会创建教练文化的理由，勾勒了在未来三年建立教练文化的总体计划，帮助乐施会的关键利益相关者了解这项工作的理论依据和整体推进方法。
>
> 近几年来，乐施会在教练方面进行了大量投入。教练被认为是发展个人和机构能力的有效方式。同时，教练技术也与乐施会的理念相一致：
>
> - **授权**——教练技术授权其成员自主学习，自行决策，深入思考，推动实施。
> - **担责**——为成员相互探讨提供工具，通过鼓励他们总结成绩，明确改进点，提升成员责任感。
> - **包容**——教练技术能够挑战自身观点，加深我们对情况的理解，有助于人们从他人的视角看待问题，使我们更具包容性。
>
> 乐施会关注社会变化，而社会变化是在错综复杂、不可预见和富有挑战性的环境下发生的。在与社区、合作伙伴或内部成员合作时，要在复杂多变的环境下将设想转化为行动，这要求我们必须了解当

时当地的具体情况。以教练方式处理我们与各方的相互作用和影响，有助于我们了解当时当地的具体情况，让我们能以最恰当的方式展开工作。

乐施会的教练活动包括：

- 提供个人和团队内部教练；
- 内部教练技能培训课程；
- 在管理与领导力项目的行动学习中开发教练技巧；
- 为多名高管引进高管教练。

2007 年初，乐施会管理团队决定进一步支持组织发展教练，使之成为一种工作方法，提高管理层的能力。作为一个教练型组织，我们能够主动引导学习过程，而不是放任自流。

乐施会和许多其他组织一样，最初依靠外部教练，后来才培养出内部教练，并在领导力发展项目中引入教练方法。后来，利兹·兰伯特和她的同事希望进一步推广教练模式，将其作为乐施会的全球项目中一线员工与合作机构共事的核心方法。

对患者的教练

教练的另一个领域同样令人振奋，那就是保健机构对服务对象的教练。具体来说，就是对那些在日后可能遭受慢性疾病长期困扰的患者进行康复教练，并将其加入患者的预防性健康护理工作中。康复教练被定义为：

一种引导参与者确立并实现健康促进目标的行为干预手段，旨在改变与生活方式相关的行为，降低健康风险，改善对慢性疾病的自我管理，提高与健康相关的生活质量。（Van Ryn & Heaney, 1997）

2008 年，美国明尼苏达州的一个康复教练项目得到了高度好评。当时，美国的联邦医疗保险发起了一项面向 392 000 人的电话康复教练服务，并为此聘请了 28 名康复教练。他们预估大约 11% 的会员会得益于这项活动，因此他们主动联系这些人，推荐了此项服务。这些人中的 20% 即大约 4 000 名会员选择参与这项活动。经过前六个月的实践，这 4 000 人取得了非常显著的效果：

- 与未参与这项活动的成员相比，他们对医院非患者资源的使用量降低了 18%；
- 干预组中，医生对该人群的紧急出诊率下降 12%；
- 81% 的人提高了生活质量分数；
- 45% 的人胆固醇状况有了改善；
- 42% 的人体重指数下降；
- 66% 的人表示与体能锻炼有关的患者活跃度有了提高；
- 6 个月后，他们每人每月的医疗保健支出降低了 139 美元。

英国国民医疗保健系统也将康复教练纳入其中。东萨福克的彭尼·纽曼博士在身兼教练与心理学家的安德鲁·麦克道尔博士的支持下启动了一个项目，该项目旨在：

- 改善东萨福克慢性病患者的护理和生活状况；
- 提高慢性病患者对疾病的自我护理以及自我管理的意识和责任感；
- 帮助患者确定康复目标，制订自我护理计划；
- 提高执业护士的接诊技巧，使其掌握康复教练技术或者其他有效技术，促进患者行为方式的转变；
- 帮助护士运用教练技能，对患者长期进行随访，帮助患者探索自我护理的方法。

他们为执业护士进行教练技能培训，使这些护士有能力向患者提供长期的康复教练服务。这些患者受其自身生活方式或行为方式的影响，长期患有慢性病，如糖尿病、慢性心脏病、中风等。康复教练激发他们改变生活方式（如吸烟、节食、锻炼），使他们乐于接受不同于以往的接诊模式（如康复教练）。

该项目 2011 年才开始推行，但是初期培训效果非常好，而且从一开始就建立了评估流程。

对投资人的教练

传统上，大型上市公司每年至少向全体重要股东召开一次大型报告会，通常是每季度进行一次。届时，董事会成员在会议厅前面的主席台上就座，众位投资人密密麻麻地坐满整个会议厅。董事会向他们做一番“自卖自夸”式的报告，说服投资人保持或者增加对公司的投资，以抬高公司股票的需求和价格。报告会之后是问答环节，基于互动双方的立场，会上提出的问题通常是批评性或对抗性的。股东想方设法找出董事会隐瞒了什么，质问董事会为什么没有做这个或那个，也会质疑公司拟定的战略方向或者对未来的预测。

在我合作和访谈过的一些公司里，他们在季度或年度报告会上与关键投资人采取了一种教练式的互动模式。这里所说的关键投资人包括：

- 对本公司投资最多的投资人；
- 有影响力的投资人，他们可以带动其他人或者为他人公开提出建议；
- 摇摆不定的投资人。

然后，公司安排由首席执行官和 / 或财务主管以及投资人关系主管与各关键投资人进行“对话会”。这些会议不是一上来就宣讲本公司情况，而是向投资人提出下列问题：

- 他们希望从本次会议中得到什么？（达成合约）
- 他们目前在投资方面的政策、方式、面临的挑战分别是什么？（倾听）
- 对他们来说，了解公司的业绩情况和未来的战略规划有哪些用处？（探索）
- 他们希望公司接下来怎样与他们合作和沟通？（行动）
- 本次会议对他们是否有所帮助？未来如何为他们提供更大的帮助？（检视）

采用教练方式处理与伙伴组织和供应商的关系

在合伙人机制下，无论是采用合资、合并或是公共部门合伙的方式，由于双方没有明确的共同行动计划，经常会发生冲突。因此，双方应共同思考这样一个问题：

> 哪些事情我们只有合作才能完成，而不能单独完成？

一旦双方确定了共同的努力方向，就可以进一步商定共同的关键绩效指标和合作目标，进而商定相互合作的程序和规范。有时，因为伙伴组织众多，关系会变得相当复杂，这一过程就可以由经验丰富的合伙人教练来引导完成，或者由全体伙伴组织组成联合引导小组来共同完成。

费希尔和尤里在其畅销书《谈判力》（*Getting to Yes*; Fisher & Ury, 1991）中概述了一个与伙伴组织合作的一个非常实用的模式，他们提出了一个简单的四步法：

1. 将人与问题区分开来
    - 澄清彼此对情况的看法
    - 识别情绪
    - 清楚沟通

2. 专注于利益，而不是立场
   - 向对方询问，发现对方的利益所在
   - 阐述自身的利益
3. 创建双赢选择
   - 头脑风暴
   - 拓宽互利的选择
4. 坚持采用客观标准
   - 公平公正的标准
   - 公平公正的程序

采用教练方式处理与监管机构的关系

过去20年来，对所有组织的监管都有了明显增强，无论是私人企业、公共组织还是民间社团。政府和社会公众期望每个组织及其领导人采取更负责、更透明的方式，但许多组织根本不欢迎那些监管者，它们对这些喜欢找碴的监管者要么诚惶诚恐，要么曲意迎合，与监管者的会面甚至成了生存的考验。

> 我曾担任一家大型政府部门高管团队的教练，当时他们正要对早期的能力评审进行年度跟踪。当初的评审指出了一些需要改进的关键领域，他们也为此实施了一些举措。在准备年度审核的过程中，高管们出现了争议，是搞出一篇像模像样的报告，展示已经取得的进展并掩饰那些未见成效的领域，还是坦诚地如实报告。赞同前一种方式的人指出，如果实话实说，人们对本部门的评价就会低于其他部门，这自然会牵累到高管们，但是这种对比又有失公允。赞同后一种方式的人指出，做得不好的地方早晚会暴露出来，单纯弄一篇花里胡哨的报告根本没人买账，大家对里面的“花活”其实都心知肚明。在这里，双方都将评审者视为需要去迎合的第三方。我问他们，如果他们将监管者视为友善的伙伴，希

望帮助本部门提高效能和效率，他们采取的做法与目前会有什么不同？我还请他们考虑如何从到访者掌握的信息和局外人的角度提取最有价值的东西。经过这样的换框思考，他们最终修改了汇报内容，既展示了自身所取得的重大进展，也提到了希望邀请评估者进行教练辅导的领域，以取得更大的进展。这一做法使双方离开时都感到非常积极乐观，并且对本部门下一阶段的发展也大有益处。

采用教练方式处理与组织所在社区的关系

许多组织往往忽视所在的社区，没有意识到这也是个极其重要的利益相关者。直到在当地遇到麻烦，组织才发现树敌过多，而盟友太少。在一些石油公司与钻采所在地的居民之间的关系中就可以看到这种情况。这些组织需要与当地社区保持良好的关系。有些组织在社区内采用教练的一种方式是，号召工作人员成为志愿者，向当地慈善机构和社区团体提供教练服务。事实发现这种方式有下列优点：

- 向当地团体提供了宝贵的服务。
- 提高了工作人员的实际技能。这不仅体现在教练中，还让他们能够在全然不同的环境中敏锐地进行人员管理，改变工作方法；有些管理者表示，这是学习和发展领导力的最好方式。
- 员工经常发现外部同类机构的工作人员比自己工作时间长、待遇低，可获取的支持和内部资源更是远远少于自己，因此更加珍惜自己的工作。
- 加强了组织与当地社区的联系。
- 提升了组织的正面形象。

我曾经访谈过一家风险投资公司和一家全球排名前四位的专业服务机构，它们鼓励员工成为威尔士亲王信托基金的顾问，这个基金是用来扶持年轻创业者及其初创企业。它们发现这种方式提高了员工的技能，使得它们与所谓Y世代（1980年后出生，成长在数字计算机化社会的人们）的年轻人保持接触和打交道，并与潜在客户建立了良好的关系。

公共事业部门的人士需要经常与当地社区打交道。在这种情况下，采用教练方式有助于领导者从根本上改变与公众打交道的方式，取得有益的结果。一位参加西北雇主CEO教练项目的公共部门领导者表示，这种培训有助于他应对棘手的公共会议：

> 我去了一个叫作“狮子坑”[1]的地方，在那里我更有意识地去思考人们所说的话，并反复体味，从而大大提高了倾听人们谈话的能力，取得了良好的效果。

结束语

我们可以从上述不同的例子中发现一个共同的特征，过去我们将利益相关者视为“他人”，对其做着“自卖自夸”式的报告，而现在我们将利益相关者视为网络化组织中的关键部分。第一步是了解利益相关者的需求和利益，进而寻求在本组织、利益相关者以及双方合作项目之间建立“三方共赢”的机制，其中包括双方分享的各项利益。

创建教练文化的第7步，也是最后一步，是在组织内部文化与外部世界的互动中培养和采取教练方式。由此，教练文化就能使组织的“活品牌”（指组织与所有利益相关者日常打交道的方式）焕然一新，同时能够提升客户、供应商、合作伙伴、投资人、周围社区对组织的印象和评价。这不仅有助于降低组织潜在的业务风险，而且可以极大地提高组织绩效和价值。

---

1 译者注：比喻危险的处境。

第三编

整合与深化

11 各要素相互配合并与“关系价值链”相协同

引 言

我们考察的大多数组织都是开拓者，没有一家组织声称自己已经形成了成熟的教练文化。确实，我们千万不要认为教练文化的形成是线性的，有其明确的终点。事实上，这是一个永无止境的过程。我们需要不断探索新的方法，才能持续改进组织内部、组织之间以及组织与更广泛的利益相关者系统之间的关系和沟通。然而，从七大步骤的一系列领先实践中，我们可以预见，这七大步骤的蓬勃发展和协调一致，将为组织及其发展创造出不同凡响的协同效应。

实施各步骤的不同路径

我在阐述上述七个步骤时，依照的是众多组织采用的最常见的实施顺序，但这并非是一成不变的，事实上，有些组织根据自身情况采取了不同的实施顺序。现在我们来看一些不同的组合顺序。

前几章所述的实施顺序。这是一种最常见的实施顺序，其特点是：组织首先引入外部的高质量教练资源。如果做得很好，那么就会让一大批高管通过亲身体验而理解到教练活动带给个人的益处，同时他们也会看到运用教练方式进行互动的榜样。这种方式也有其风险，就是过度依赖昂贵的外部资源，教练过程由外部人员关起门来展开，与组织的关联性不强。

*从组织内部的教练服务着手。*少数组织并不是首先聘请外部教练，而是从打造组织内部教练的能力入手，让内部教练成为常态并受到各个层级的高度重视。有些组织发现，招聘并培养少数内部全职教练有助于提供更系统的教练服务，内部教练团队也可以更好地决定什么情形下应该引入外部教练资源。

*首先将教练方法与教练技能纳入所有的管理和领导力培训与发展项目。*这种方式有时由人才发展部门的负责人主导实施。他们全面考察组织的培训与人才发展活动和开支，从中能发现确保培训中应用多种教练风格的益处，教练技能也应成为所有管理和领导力培训项目的核心要素。从本章下文关于菲尼克斯的案例研究中可以看出，这种方式有助于在组织上下形成共同的新语言和新方法。这种方式的危险在于，教练活动的开展广而不深，大部分教练活动仅限于简单技能和绩效方面，很少专注于人员状态的长期发展和转变。

6个主要误区和陷阱

我访谈过许多教练推动者、教练主管、外部教练及督导师、内部教练及督导师，还有致力于领导组织创建教练文化的人，经常听到形形色色的故事，讲述在创建教练文化过程中遭遇的难题或突发状况。有些故事中的挫折和挑战已经得到解决；也有一些故事中还有重要问题尚未解决，前期进展良好的工作和投资受到影响。

在对所有访谈笔记进行了回顾之后，从一些最常见的问题中我发现了一些共同模式，现将其列示如下。这些因素不是按普遍性来排序的，而是按它们在创建教练文化过程中通常出现的顺序来排列的。

1. 未建立广泛的教练支持者队伍

有两家组织，在一名高层推动者和一名坚定的教练组织者的密切配合下，教练活动发展得很快。但这名高层推动者没有动员其他同事支持这些活动，甚至也没有让他们认识到这些活动有哪些好处。因此当这名高层推动者离职以后，教练活动逐渐减少，项目就停顿了。

确保教练活动得到组织内部有关各方的广泛支持是非常重要的。教练主管应定期向高层推动者汇报教练活动的最新情况、检视和评估，让自己的同事充分了解并积极支持教练活动。我将在第 13 章进一步探讨如何对创建教练文化过程中各阶段的教练活动进行评估，包括这种评估方式如何引发各位高管的持续关注，取得他们的积极支持。

2. 认为教练只是人力资源部门的独家责任

不可否认，人力资源部门在发展、实施和保持教练文化及教练战略方面起着关键作用，但绝不能将教练活动视为人力资源部门的独家责任，也不能将教练活动等同于人力资源管理的一部分。这会让业务部门经理以为教练活动不过是公司的“软性要求”，仅涉及个人和人员的发展。要使教练文化得到充分发展，必须将其视为与促进业务成功和绩效改进息息相关的因素，要做到这一点，就必须得到高层管理人员、业务直线经理和财务部门的积极支持。

我曾与一个高管团队一起工作，他们习惯于将公司事务划分为“硬性因素”（最低财务结果、任务效率等等）和“软性因素”（人员、关系和情绪）。我告诉他们财务结果固然是硬性因素，但教练活动也是“硬性因素”！他们很不解，我告诉他们：

在组织内部有很多关键对话可以提升绩效、发展有利于公司经营的外部关系，这些对话其实要比削减非人员开支或推出新产品艰难得多，因为它涉及我们的方方面面。只有改善组织的内外部关系，才能改变人们对组织的感知，获得顾客、客户和利益相关者的认可，发展伙伴关系，传递共享的价值观。

3. 未能留住骨干员工

我访谈过一些教练经理和人力资源经理，特别是在公共部门，他们深为骨干员工的流失而苦恼。这些骨干员工有很强的推动力、政治影响力或者教练专业知识。他们的流失有些是因为组织裁员，有些则想发展为自由教练或者加入教练咨询机构。新举措通常由这些富于感召力的推动者启动，然而，他们更愿意革新而不是守旧，因此比一般人更倾向于流动。如果这些人在离开之前未能在系统中建立起可持续机制，那么持续发展方面就总会受到一些影响。教练团队要从一开始就制定自身的继任计划。

还有一种风险是，组织培养出一批优秀的内部人员，他们当中的一些人会想跳槽到更能发挥新技能的岗位上去。英国政府法律服务委员会做了很大努力才建立起阵容强大的内部教练队伍，培养出 24 名通过英国领导力与管理学会（ILM）认证的教练佼佼者。然而三年后，主管这项服务的伊丽莎白·克洛斯告诉我们，这 24 名教练只剩下两个人了。这种情况的发生，部分原因是法律服务委员会与司法部合并，另一个原因是该部门的裁员。一些经过培训的内部教练转入其他政府部门工作，教练技能也就随着他们转移出去了。然而，委员会的关键教练战略目标之一是“在变革期间留住优秀人才”，但他们意识到在留住这些优秀的内部教练方面做得还远远不够。

要留住教练，应首先确保定期对他们进行持续的个人与专业发展、督导和回顾（见第 12 章）。确保他们有机会与高管层研讨职业规划是很重要的，这样可以帮助他们承担更广泛的领导职责，包括怎样通过晋升将其教练技能应用到组织的其他领域。

4. 认为开展大量教练活动就足以创建教练文化

有些组织的教练活动就是忙于积累自身的教练资源，比如建立内部和外部教练资源库，确保开展大量的教练约谈，但是却没能进入后续步骤。大量教练约谈不足以创建教练文化，只有当教练活动真正专注于促进组织学习、绩效提升、内外部关系改善，组织才能真正输出价值。这些组织只注重投入，而没有对如何产出有价值的输出和成果提供支持。

5. 疏于质量管理

一名教练主管对我说：“前三年，我们只专注于教练活动的数量，这是我向上级领导汇报的内容。直到现在我们才开始反思，当初不应仅追求数量，更应该着眼于质量。”教练的质量不单是指招募合适的教练，还应确保所有内部教练和外部教练都有高质量的督导和持续发展。这正是我们下一章的主题。

教练过程的质量并不仅仅取决于教练，下列几个关键因素也会对教练的质量产生积极影响：

- 被教练者需要有足够的动力，清楚地知道接受教练的益处；
- 教练的方法、经验和技巧应与被教练者的需求相匹配；
- 双方发展起来的关系；
- 通过以下方式将这种关系与更广阔的组织联系起来：三方、四方合约与检视；360 度反馈；与组织的举措和战略的关联，等等。

6. 缺乏评估

许多组织会在一些拥护者的热情支持和个人益处的现身说法下，在一段时间内支持教练活动。但或早或晚，总会有持怀疑态度的高管提出这样的质疑：

“投入了这么多的时间和金钱，我们如何知道它有用呢？”或“我们如何衡量这种投入的回报？”要回答这样的问题，就必须对教练活动和教练文化的各个方面进行严格的评估。正如一位教练主管所言：

> 如果我们没有以契合教练本质的方法衡量此项活动的益处，他们就会用我们觉得不合理的方法来衡量我们。

教练活动和教练文化的评估方法将在第 13 章加以阐述。

教练文化如何与文化变革的其他方面相联系

正如第 3 章所述，创建教练文化的七个步骤需要与更广泛的组织文化变革相联系，从而与组织的战略和使命联系起来。

下文的案例是关于瑞典的老年护理行业，它说明了文化变革框架中的一系列不同要素相互结合，帮助改进公共部门某一工作领域的文化和效能。鲁迪·珀斯嘉德在此展现了为创建教练文化所做出的巨大努力，以期改善组织氛围，提升员工士气，改进对当地老年人的服务，实现良好的经济效益。

案例研究：菲尼克斯项目中老年护理业的领导力发展和团队文化创建

菲尼克斯项目是欧洲社会基金 2009 年 7 月至 2011 年 4 月资助的瑞典项目。该项目的构想出自布里特 – 玛丽·赫格贝里和鲁迪·珀斯高德，前者是哥德堡隆德比老年护理业的领袖，后者是斯特兰德斯卡公司的 CEO。布里特 – 玛丽希望同事们学习教练方法，将其纳入目前正在推行的老年护理中的有益健康（salutogenic）方案。她认为这需要组织进行重大的文化变革。有益健康方案主要关注如何支持老年客户建立健康、积极的个性和社交功能。其中一些要素引发了文化变革的需求：

- 社会和工作人员自身对老年人护理的理念已经不再适应目前老年人护理服务的现状。人们普遍将老年人护理服务视为“家庭主妇的工作”，与其“老年人康复与保健服务”的精准定位相去甚远。
- 有必要改进和完善员工的沟通技巧。
- 有必要为本领域的员工探索新的职业机会，寻求创新性的方法，吸引更多有识之士来完成不同的任务和工作，无论男女。
- 老年人护理服务的需求很高而资源有限，鉴于此，有必要采用新的、效率更高的服务模式，缩短老年人康复时间，同时为员工创造更健康的工作环境。
- 有些团队因缺乏沟通技巧，存在缺勤率高和违反纪律等方面的问题。

在老年人护理服务中推行有益健康方案，还意味着对待员工也应采取有益健康模式，也就是说，应以能促进员工的社会和心理健康、幸福和正能量的方式对待员工。因此，他们当时面临的挑战是在18个月的时间内完成现有机制的变革和完善，将本组织建设成为践行教练文化的有益健康机构。另一个目的在于改善员工关系、提高士气和绩效，以及引进良好的工作方法。

在这个过程中，所有员工都应学会采用正确的教练和沟通技巧，以便：

- 防范在工作场所发生的问题；
- 将问题解决在萌芽状态，防止其演变为严重问题；
- 促成团队和客户的发展；
- 设身处地地为同事和客户考虑，倾听他们的意见；
- 更有效地实现既定目标和团队任务；
- 以更好的方式实现既定目标，提高团队效率。

有一点非常重要，所有员工都应认识到，这个项目不仅有助于学到教练技巧，还有助于改善内部关系，改进沟通方式，提高团队效能，从而给老年人提供更好的护理服务，并创建更好的工作氛围。团队成员和领导者还需要意识到团队的内部相互学习和团队动能对个人绩效的影响。在每个团队中，这三个方面都应该整合起来，以更好地理解团队文化、团队结构和团队内部学习对团队效能以及有效的老年人护理服务所产生的影响。

在某些案例中，老年护理行业曾经存在一种以命令和控制为首要特征的领导方式，员工几乎没有什么自主权和发展空间。目前出现了这样一种呼声，期盼组织为员工提供良好的发展空间和学习环境，并允许员工在承担起责任的前提下，自己选择工作方式。我们意识到，为实现持久的组织文化变革，我们需要与领导者和员工共同努力。我们向领导者和员工提供同样的培训，只是内容上有一些微调。我们还意识到，要实现这种文化变革，不仅需要改进领导者、管理者和一线员工的发展，还需要改善“他们之间的空间”（即管理者和员工之间的关系）。组织文化变革始于组织内部相互关系的改善，以及由此带动的员工之间、员工与管理者之间以及领导者与其上级之间沟通方式的改进。

如果员工不能理解行政指令的意义和内容，就难以将其付诸实施，也会妨碍他们向客户提供有效的服务。

设计

在项目实施过程中，我们对90名管理者、650名雇员和50个团队进行了教练培训，提升他们的沟通能力。工作场所的所有领导者和工会顾问也都接受了教练和团队教练方面的培训（7天）。所有员工都接受了教练技能方面的培训（2天）。每个团队都有两个参加基础教练项目（5天）的名额，如果有人愿意考虑将内部教练作为其职业生涯的一个选项，每个团队也有一两个接受职业教练培训（18 天）的名额，通过考试和认证可获得专业教练资格。

除了针对个人的教练技能培训，所有团队都会在 6 个月内陆续接受为期 3 天半的团队拓展培训，团队拓展项目关注的是改善团队的内外部关系和提高沟通能力。

结果

试行结果表明，每周为员工提供仅仅 1 个小时的教练就提高了员工为老年人服务的工作满意度，缩短了护理时间。这种教练方式也对提高老年人的自主性产生了积极影响，他们对所接受的护理服务给予了更加正面的评价。

通过这个项目我们可以看到，教练方法不仅有助于改善团队内部员工间的关系，还有助于改善员工对护理对象及本团队其他成员的体察方式、沟通和关系。许多参与者表示，他们之间的关系加强了，在工作中感到更满意、更愉快了。我们注意到，领导者更愿意接触员工、培养员工，而不是像过去那样把他们当成刺头去管理。许多领导者和团队成员表示，他们之间的冲突大为减少，参加项目后，预防和解决冲突变得容易了。

这种并行培训在员工和管理者之间形成了平等关系，他们能坦率地相互交流，而不是在担心受到批评的压力情境下做出反应。当员工能够以发展的方式进行沟通时，他们能够更好地执行组织的决定，妥善处理因为某些变化导致的护理者与其亲属之间的挑战。

> 我们当时真的很明智，选择参加这个项目。现在我们用一种全然不同的方式进行沟通，我们为实现共同目标一同工作。我们在团队中确定了日常工作的基本原则，营造了更加良好的工作环境。（哥德堡塔夫 - 塞夫老年人护理组织领导者利兹 · 安德森）

其他领导者在评估反馈中写道：

“人们当面公开交谈，而不是背后相互议论。”

“员工过去工作时总有一种当仆人的感觉，现在他们觉得是在为老年人康复事业做贡献。”

“员工对他们的工作表现出更多的自豪感，他们的满意溢于言表。”

“我不需要像过去那样经常检查了，团队成员自己就可以解决问题，我也不用花时间调解团队纠纷。作为一个领导者，我有更多的时间考虑战略性工作或者思考团队学习问题。”

“工作氛围逐渐改善，令人感到轻松愉快。我们有良好的团队精神，而且充满个人自豪感——学习一点小技巧就能产生如此大的作用。”

本项目表明，创建教练文化能够改进领导者和员工的沟通技巧，提高员工及其服务对象的效率和健康水平，将教练文化与有益健康方案结合起来，从而建立一种根植于新型生活理念的组织文化，这对我们的社会很重要。

大多数组织文化变革项目都是开头容易坚持难。无论最初的设计多么完美，我们都需要根据实际情况对项目加以调整，使之具有更大的灵活性，而且通常会根据实施进程中出现的新情况重新设计。只有当你要变革一项文化时，才会发现这种文化总有一种深层次的东西阻碍着变革的发生。

成功的文化变革不是靠组织高管、人力资源部门或外部咨询师设计出来的，当然他们的作用不可或缺。任何一方都只是从自身特殊且有限的视角去观察更大范围的系统。因此，文化变革是一个合作性的、不断反复和调适的过程，在这个过程中的每个阶段都应进行自我检视，以便总结经验，继续前进。

“关系价值链”和教练的角色

创建教练文化的七个步骤需要与更广泛的组织战略和文化变革进程相连接，领导这一创举的人应对企业的业务情况和业务变革有明确的阐述。实现这一步骤最有效的构想之一是“关系价值链”的概念,这是我开发的一个模型，用来说明组织如何差异化地处理与各利益相关者打交道的方式，以创造价值的增长（见图 11.1）。

人们曾在一段时间内普遍认为，企业应特别重视对完整价值链的管理。这是一条基于产品或服务的价值链，向后连接至组织的供货商，向前连接到客户、客户的客户是如何使用公司的产品及服务的。目前，这个完整价值链更趋于流线型，在提高各环节和环节间的效率方面取得了许多成果，包括全面质量管理、业务再造、精益流程与设计、六西格玛等。虽然这些方法大多起源于汽车制造行业（如丰田的“精益制造”，优尼派特的“六西格玛”），但很多方法也已应用于公共部门，如医疗保健服务的“全程患者服务通道”，帮助接受社会救济的人重返工作岗位的一整套方法，以及在办理护照的过程中也采纳了类似方法。

目前关于关系价值链的论著还很少。 许多公司意识到，已经很难通过质量或价格差异化自己的产品或服务了，拥有高质量、低价格的产品仅仅是保持市场竞争力的先决条件。技术优势也已不像过去那样是可持续的竞争优势。一个企业的技术创新很快就会被其他企业学会、模仿和改进，工艺改进亦是如此。全球互联网和其他方面的技术变革导致了沟通速度和透明度的革命，从而大大提高了各种知识的传播速度和普及性。

因此，越来越多的组织专注于在与利益相关者打交道的“方式”上实现差异化，具体是指建立组织与客户、供货商和其他利益相关者的高品质关系。我在与制造业、服务业、公共和民间社会部门的一些组织的合作过程中，发展出了与产品或服务价值链并行的“关系价值链”这一概念。

一个组织的价值，在很大程度上体现在为客户和利益相关者所创造的积极差异，而这种差异又与客户或利益相关者对组织的积极评价紧密相连。这种积极评价会影响到股东是否继续向其投资，合作伙伴是否继续与其合作，供货商是否继续向其供货，客户是否继续购买组织的产品或服务，而这些又会反过来影响组织的价值，比如企业的股票价格或估值，对公共部门或民间社会组织来说，影响的是机构的生存和发展能力。

组织的利益相关者对该组织的评价，在相当程度上取决于利益相关者与该组织的无数次日常接触过程中的体验和持续至今的相互关系，这就是我所说的公司的“活品牌”，即与更广阔的外部系统互动时，该组织是如何生活、呼吸和行动的。一个组织的“ 活品牌”并不是该组织的领导者所能掌控的，也不能像商业品牌那样加以管理，它取决于该组织所有成员每时每刻的行为。

决定员工与客户及利益相关者互动方式的最主要因素之一，是这些员工的直接上级如何对待和管理他们，其次是组织领导者。这不单纯是管理者管理得如何、领导者领导得如何的问题，而是组织文化问题。员工在进入组织工作的那一刻就开始接受组织文化，组织文化会成为员工习以为常、无法觉察的一种思考、感受和行为方式。员工在组织中工作三个月或更长时间后，就会将这种方式视为自然而然的事情，再也感觉不到这是组织文化对他们的要求。 组织文化的主要决定因素之一是领导力文化，不仅包括领导者做出了哪些决定或进行了哪些沟通，也包括他们是以怎样的方式在组织内外打交道并保持关系的。

教练活动在许多重要阶段中对关系价值链的形成起着重要作用（见图 11.2）。

结束语

本章阐述了创建教练文化的七个步骤和不同的实施顺序，以及在创建教

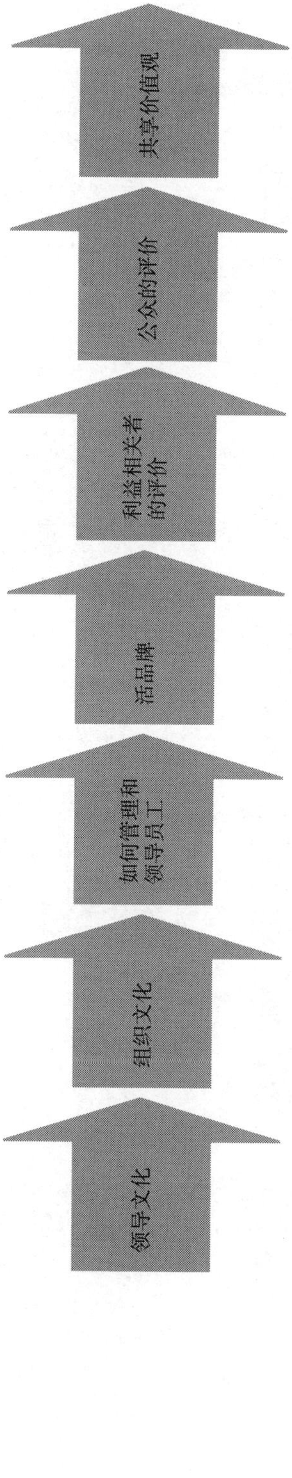

图 11.1 关系价值链

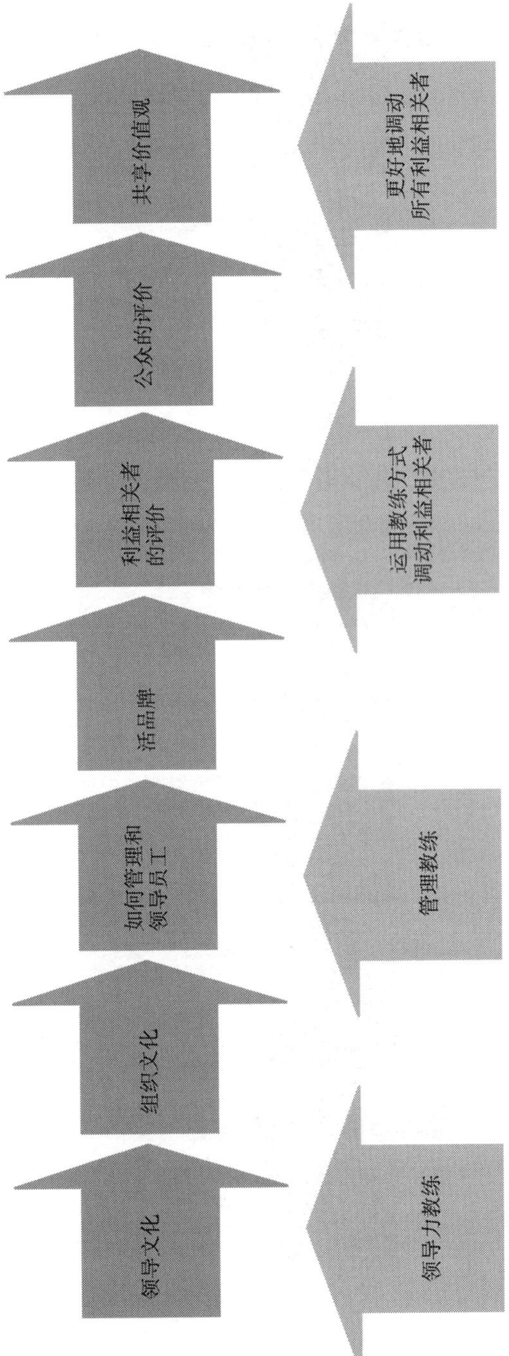

图 11.2 关系价值链：教练的作用

练文化过程中可能遇到的误区和陷阱。本章还指出，这一过程需要被视为更广大的组织发展宏图的组成部分，其目的在于改善组织的关系价值链。

创建教练文化的七个步骤的基础是三大支柱，即与组织的业务战略相联系的明确的教练战略，与整个组织的文化变革进程相联系的教练进程，支持和整合各项教练活动的教练基础建设。对创建教练文化来说，这七个步骤和三大支柱是必不可少的，然而仅有这些依然不够，还必须确保在符合业务目标和组织发展的前提下举办大量的教练活动。为确保从各项教练活动中取得持久的实际收益，组织应特别注意教练的深度、广度和质量。要扩展教练深度，改进教练质量，则需要对教练进行督导和持续的个人及专业发展，并对教练活动及其影响进行严格评估，这正是后两章要探讨的内容。

12 扩展教练工作的深度，提高教练工作的质量：督导以及个人和专业持续发展

引 言

在本章中，我首先探讨教练活动的深度和效能，然后探讨三个方面的质量改进，帮助使用教练活动的组织不断提升，这三个方面的质量改进包括：

- 教练、领导者以及使用教练技巧的管理者的个人和专业持续发展；
- 对所有内部和外部教练进行定期的高质量督导；
- 定期检视教练服务及其为组织发展所做的贡献。

接下来我将阐释，为什么一个组织仅靠自己的力量不足以实现持续学习和督导，只有当它成为一个更大的跨组织和教练机构之间联动的一部分，才能创建一个生机勃勃的学习型教练行业。

扩展教练深度

之前我们提出过一个关于教练的渐进模型，用于描述不同教练类型的范

畴和深度（Hawkins & Smith, 2006）。不同类型的教练既需要教练持续提升能力和才干，也需要相应深度的教练关系。技能教练的重点是为了增强被教练者在某些工作领域的具体技能，绩效教练是为了帮助被教练者提升在恰当的时间以恰当的方式运用专业技能的能力，提高自身绩效以及所在团队和组织的绩效。技能教练和绩效教练均可由直线经理完成，这需要直线经理具备必需的教练技巧，并用教练的方式与员工互动。

个人发展教练的重点不仅仅是提高被教练者在现有岗位上的绩效，还要帮助他们发展适应将来工作的能力和才干。这种类型的教练任务对直线经理来说就稍显困难了，因为直线经理更在意的是当前的绩效收益，较少会意识到更广泛的领导才干，而且他们也没有接受过发展教练方面的培训。这种类型的教练通常会融入到个体参与的领导力培养项目中，由高水平的内部教练或外部教练进行。

转变型教练的重点是帮助客户改变思考、感受和行为方式。这种类型的教练是在解决客户问题的同时，在更广阔的系统中实现“连锁转变”。霍金斯和史密斯（Hawkins & Smith, 2010）指出了此类教练的四个关键要素：

1. 改变意义系统。能够在教练对话过程中帮助客户改变“意义构建体系”（具体的信念、态度、情绪反应），从而达成“视角的转变”。
2. 在多个层次同时工作。要使客户实现这样的转变，教练必须在多个层次同时工作（即同时关注生理、心理、情绪、目的等多种因素，以及这些因素在当前情境下如何联动）。上述视角的转变需要“具身化”（即被教练者能以不同于以往的方式思考、感受和行动），才能真正实现转变。
3. 现场转变。转变型教练特别注重在教练会话过程中实时打开被教练者“卡住”的视角。这种由教练帮助被教练者体验全方位视角转变的过程被称为“现场发生转变”。我们采用先跟后带的方式，促进客户发生转变。
4. 四层次联动。被教练者视角的转变，来自对当下问题所持有的内在假设、

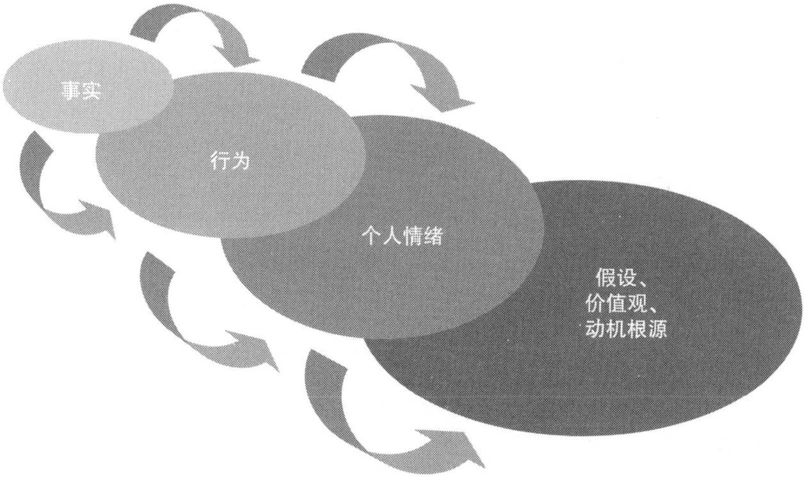

图 12.1 **四层次参与模型**

价值观和信念的转变。转型教练运用“四层次参与”模型来理解这些过程：内在假设激发情绪，情绪驱动行为，行为呈现出具体反应，而这些反应就是高管想要做出的改变（见图 12.1）。

教练、管理者、领导者可以将这个四层次参与模型用于其他类型的教练活动，以提升技能、提高绩效或发展才干。在转变型教练中，上述四个层次的联动可以帮助个体转变行动逻辑（Torbert, 2004）、认知参照体系（Laske, 2003）、情绪模式、关系才干（Hawkins, 2011b）以及道德成熟度（Hawkins, 2011b）。这种类型的教练还强调要超越新的理解、洞见、觉察和良好的意图，使学习具身化，并促进现场的转变。这包括不仅要询问被教练者计划做什么，还要求他们用“快速演练”的方式尝试新的行为。

随着高管及领导者面临的问题日益复杂、模糊、棘手，他们需要表现出更强的感召力和激发能力，因此教练约谈要提供更深层次的互动，促进更加深刻、可持续的转变就显得尤为重要。这意味着教练需要必要的支持，帮助他们不断反思和成长，并提升在上述四个层次上的教练才干。尽管可能会由外部教练提供转变型教练服务，但我认为，在教练文化中，组织应在扩展各种类型教练的深度上持续努力。最终,转变型教练方式可应用于各种教练类型。

个人和专业持续发展

我在本书中始终强调，无论是教练从业者，还是希望采用教练方式进行管理或领导的人,都应关注个人和专业的持续发展。专业持续发展（continuing professional development, CPD）是指在教练新技术和新方法上的不断更新。但仅有这些还不够，影响教练成效的核心因素是教练过程中的教练关系（de Hahn, 2008; Hawkins & Schwenk, 2010），教练拥有的最重要的工具是教练本人。所以，我们应关注的不是 CPD，而是 CPPD（continuous personal and professional development），即个人和专业持续发展。教练、管理者和领导者应关注在情绪、道德和认知能力等方面的不断提升（Hawkins, 2011b）。2006 年，我与同事丹尼·柴斯特曼（Danny Chesterman）一同为英国“教师支持网络”进行了一项研究，探讨了个人和专业的持续发展对教师的重要性。我们撰写了题为“每个教师都很重要”的报告，指出要提高教师的教学效能，就要为教师的个人发展和反思实践提供持续的机会。

教练行业也需要有这样一份报告：“每个教练都很重要。”诚然，基础培训能够对人有所启发或触动，初期的督导和支持能够为促成良好的教练实践奠定基础，但是如果不注重个人和专业的发展，我们的教练工作就不会有创造性，得不到相关人员的积极回应，教练关系会陷入僵局。

我访谈过的许多组织为内部教练提供定期的半日进修活动，偶尔也会邀请外部教练一起参加。有些组织将其规定为教练必须参加的活动。最佳做法是确保这些活动在专业知识和技能提高以及个人能力和潜能提升上有一个良好的、整合的平衡。为了取得这种平衡，有些组织会采用大师班的方法，邀请在某方面突出的教练担任主讲，请他在现场演示某个方面的教练，然后带领现场参与者一同当场练习，亲身体验。还有一些组织会提供个人体验式学习，采用小范围的群体督导，小组成员采用新的视角对当下的教练关系互相进行督导。

为保证质量而进行的督导

近年来，围绕教练中的督导问题发生了许多争论。2006 年，巴斯咨询集团为英国人力资源协会进行了一项调研（Hawkins & Schwenk, 2006）。本次调研共收到了 120 家组织和 530 名教练的回复。调研结果表明，88% 的教练机构和 86% 的教练认为，教练需要接受定期的持续督导。

然而，仅有 44% 的受访教练表示目前正在接受定期的持续督导；仅有 23% 的受访组织表示提供定期的持续督导。即使在为数不多的接受督导的教练中，尚有 58% 的教练只是在最近两年才开始接受督导的。本次调研以及随后的焦点小组讨论和组织最佳实践研究表明，督导的重要性已经得到普遍认同，但是在实践上却远远滞后。从我们的经验来看，尽管督导的重要性在欧洲已经被日益认可，但是在英国以外的大多数其他国家，对教练活动的督导还远不完善（Bachkirova et al., 2011）。

为什么在督导的倡导和实践之间存在鸿沟呢？原因之一是缺乏训练有素的督导师（英国首次专门针对教练的督导培训课程始于 2003 年 12 月）。另外，经费问题以及专业组织和雇主对教练督导缺乏明确的相关要求，也是导致这一现象的原因。

目前，买方组织对教练督导的需求明显增多，同时参与督导的教练人数也有提高。在组织最佳实践的研究中（Hawkins & Schwenk, 2006），不乏组织负责人对督导的赞美之词：

> 任何助人性的工作，都应当接受督查，这是一种很重要的最佳实践。

要想在工作场所引入教练，就必须设立督导，这并非可有可无。（英国普华永道会计师事务所教练主管芭芭拉·皮科特）

我希望教练接受督导，这有助于他们职业的持续发展，我不会聘用一名没有接受过督导的教练。（卓越领导力中心肖恩·林肯）

过去两年来，英国出现了大量的教练督导培训课程，这方面的研讨会也越来越多。在其他一些国家，也开始出现教练督导培训。

教练督导可定义为：

在督导师的帮助下，教练对客户系统以及对作为客户 - 教练系统一部分的自身加深了解的过程，以此实现教练自身的工作转变和技能提升。（Hawkins & Smith, 2006: 147）

是否有必要对所有教练进行督导？目前对这个问题仍存有争议，但人们普遍认为，从业者接受来自专业人士的定期检视，不仅是保证专业质量的关键，同时也是推动个人和专业持续发展的关键。

我访谈过的两家组织（英国广播公司和英国国家医疗保健系统创新与改进学会）均投资培养了自己的内部教练督导师。英国国家医疗保健系统创新与改进学会目前与巴斯咨询集团合作，举办了两期教练督导培训项目，每次均有 10~12 名内部高级教练参加，现正计划举办第 3 期。参加培训者来自英国不同地区，这有助于广泛地给当地教练提供督导支持。学员不仅对学到的教练督导技术表示满意，还认为通过学习教练督导也提高了他们自身教练能力的深度和广度。该项目包括两个为期 3 天的模块，同时学员对保健服务业教练进行 25 个小时的督导，此外还对他们的督导进行 5 个小时的督导。如果学员能够完成巴斯咨询集团教练督导培训开放项目的其他内容，他们就有机会取得教练督导认证。

对教练型管理者的督导和对专业教练的督导显然需要有所不同。麦斯威尔（Maxwell, 2011）认为，对管理者与员工之间的教练约谈进行督导，应该通过管理者与其直线上级的直接会谈来进行。但正如第 9 章所述，这种督导有时需要辅以同事的支持和督导，这种来自同事的支持和督导可以通过行动学习小组或教练实习小组开展，如有可能，也可以寻求经验丰富的内部或外部教练做督导。

对教练服务及其对组织发展的贡献进行定期检视

个人和专业持续发展（CPPD）及督导不仅能够确保教练个人和整个教练团队的持续学习，而且有助于推动教练组织和更大组织的持续学习和发展。

在下一章，我将探讨一些评估和研究方法，这些方法可以用于评估教练实践质量以及教练对个人、团队、组织绩效的影响。要想提高教练实践的质量和深度，最重要的是要确保对教练的所有实施者进行评估和研究，同时确保教练型领导者和管理者对自身的工作进行反思，寻求深化和改进。

一些接受访谈的组织说一直在为外部教练和内部教练提供评估报告，还有一些组织会在教练进修班上讲解有关评估的内容。这种信息分享方式是有益的，但仅靠这种方式无法激发提升教练质量的动力，更糟的是，这样的分享可能会导致自我辩解或沾沾自喜。这种反馈数据通常都带有“自卖自夸”的意味，缺乏积极的对话和探询，最终往往形成一种评判的氛围，引发潜在的抵触情绪。

如果采用一种合作性更强的行为研究方式对教练工作进行调研和检视，这样的评估或检视对教练提供者的影响更具发展性（Reason & Bradbury, 2000）。因此，在对教练活动进行评估或检视前，有必要征询内部和外部教练的意见，询问他们希望通过这次调研或检视解决什么个人或集体问题，他们希望在此过程中学到什么。在给出评估结果后，很重要的是再次询问教练想要从这次评估中学到什么，积极引导他们解决出现的问题。

建立适当的学习型行业

在第 1 章我曾特别指出，将教练建设成为一种适当的、综合性的学习型行业是教练业面临的重大挑战之一。教练买方经常反映教练业存在术语和定义混乱问题，而该行业目前支离破碎、各自为政的现象更加剧了这一问题的严重性，这种现象体现在：

- 一些专业组织相互竞争，采用的标准和方法各不相同；
- 新术语和用法急剧增加；
- 职业资格认证五花八门；
- 培训课程多种多样，从短训班到博士学位不一而足。

教练行业持续需要在专业机构、各类培训组织、研究者、从业者、教师之间开展学习。现已出现了一些行业性论坛，这是一种有益的进展，有助于不同组织相互分享自己在创建教练文化过程中的经验。英国职业高管教练与督导协会（APECS）和欧洲指导与教练委员会（EMCC）均在英国主办了此类论坛。如果发展得好，这些可以成为组织之间的同行督导形式，有助于各组织通过互相帮助来发展自己的组织实践。渐渐地，教练大会上将不再仅由展示自己方法的外部教练所主导，而是会越来越多地成为内部教练、外部教练、直线经理、教练活动组织者相互学习的场所。然而，现在教练还远远未成为一种学习型的行业，因为学习型行业会不限于对成员实践的规范以及对新人学习最佳实践的引导（尽管这两者都很重要），而是会提供路径，让行业能够持续进化，并从组织实践的最前沿汲取养分。

我曾撰文（Hawkins & Shohet, 2006: 206）探讨过怎样才能使督导成为教练这一学习型行业的重要环节：

如果我们想将教练建立成为一个不断自我更新的学习型行业，就必须使督导成为帮助专业教练组织不断学习、发展和文化演进的“学习之肺”。督导需要扎根于一个共创和生成性思维的环境，引领客户、教练、督导乃至这个行业的持续学习。

结束语

要保持教练文化的发展，关键在于持续保证各层次教练活动的质量，无论是来自内部教练、外部教练还是直线经理。这就要求我们必须确保所有教练活动实施者的个人和专业持续发展，同时确保内部和外部教练有专业的督导。此外，教练服务的管理者和创建教练文化的领导者任务艰巨，他们也需要某种形式的专业督导，因为置身于文化变革中的人往往难以看清全部事实。这些领导者和管理者可以参加行业会议或学习论坛，与正在创建教练文化的其他组织相互学习和检视，从而极大地促进他们的持续发展。

13 创建教练文化的评估、研究和投资回报

引 言

教练、教练主管、组织，还有众多教练研究者们，不仅要真正为个人和组织带来积极改变，还要通过在每个教练阶段建立评估指标，把这种改变展现出来。这些评估指标应体现出被教练者、团队、组织以及众多利益相关者在教练活动中获得的产出和成果。

大多数关于教练评估方面的文献，包括克拉特巴克和麦金森（Clutterbuck & Megginson, 2005）的著作，尽管其内容非常全面，但其评估仅限于对员工行为变化的描述，在我提出的创建教练文化的模型中，这只停留在步骤 5。通常情况下，这样的评估是把“实际行为”与基于公司核心价值观、领导者品质、管理者胜任力框架下的“倡导行为”做比较。这种评估方式的弊端在于，即使被评估者的行为被认定为“良好”，也并不意味着该行为对所在组织的绩效会产生必然的积极作用，因为这种评估的关注点仅仅是员工的行为表现，而不是业务绩效的成果。

来自汽车零售业的一则实例或许能带给我们一些启发：该行业在过去的很多年中，一度非常重视客户满意度。经销商花了大力气评估客户满意度，努力在这方面超越竞争对手。然而，后来的研究表明，客户刚买汽车后的高

满意度，与他们下次是否从同一经销商购买汽车并没有多大关系。只有当经销商从衡量客户满意度（表现）转向衡量客户保有率（成果）时，才能开发出有助于实现公司价值的评估机制，这种价值实现应涵盖更为广泛的利益相关者，并关注更长远的发展时期。

另一个评估误区是衡量短期的行为变化和长期的财务绩效指标，并认为两者间存在某种因果关系，但这种关系却从来没有被研究或者验证过。

目前对教练领域的研究仍处于起步阶段，而且大多聚焦在教练过程。除了那些教练提供的报告，针对成果收益的严谨研究少之又少。鉴于此，本章首先探讨如何将评估纳入创建教文化过程的每个步骤，然后再探讨投资回报以及相关研究这两个更大一些的问题。

对创建教练文化过程中各个步骤的评估

组织在依照以上各章描述的步骤创建教练文化时，如何衡量在这个过程中取得的进展呢？

1. 组织为某些高管聘请教练

正如第 4 章所说，在这个阶段，组织不再任由高管和部门各自聘请教练，而是转向全局统筹和规划的模式。这种教练集中供给模式的关键在于，每次教练项目结束后，都要使用标准流程来收集反馈信息。

从被教练者收集的反馈信息应涵盖以下重要方面：

（1）背景信息

- 你的姓名、职务和当前岗位在职时间；
- 谁为你做的教练？
- 你接受了多少次教练？每次多长时间？持续了多久？

- 在这轮教练中，你与你主管的初始教练目标是什么？
- 这轮教练是否与其他学习和发展项目相关联？如果有，是哪些？

（2）产出

- 你在上述每个目标上取得了什么进展？
- 这对你的工作有什么影响？

（3）成果

- 列出本轮教练让你的工作和你的团队做出了哪些改变？
- 你将怎样继续推进在本轮教练项目中取得的进步？

（4）关于教练的反馈

- 按 5 分制，你给你的教练打多少分（5 = 非常有效；4 = 很有效；3 = 有效；2 = 有帮助但算不上有效；1 = 没有帮助）？
- 在组织中，你希望推荐谁接受该教练的帮助？
- 你如何描述该教练的工作风格和方法？
- 如果用三个词描述本轮教练关系，你会用哪三个词？

如果是三方教练合约，上级管理者会在教练项目开始、中间和结束时介入。在这种情况下，可以同时收集管理者的反馈意见。

有关教练活动反馈和评估的目的，我们已经在第 5 章进行了阐述：

- 帮助被教练者探究教练活动结束后如何持续学习和发展，如何将教练中产生的成果带到工作内外其他形式的学习中；
- 帮助教练了解哪种做法是最成功的，哪种做法是最不成功的，以及怎样增进对组织内外其他客户的价值；
- 帮助直线经理继续支持和培养被教练者；
- 促进教练服务进一步提高自身的服务水平，并为组织对教练进行持续评估提供匿名的数据资料。

这些信息的整理，可以让教练经理定期检视哪些高管从教练项目中获益最多，以及哪些因素（如教练时长、频率和教练风格）看起来会对收益产生影响。教练经理可以通过这种方式，定期收集被教练者对每个外部教练的反馈意见。当然,仅根据个别被教练者的某一点反馈意见就对某个教练做出评判，也是不对的。因为总会有一些不太有效的教练关系，即使最成功的教练也会遇到这种情况。

对于来自被教练者的信息，教练经理应首先确定是否将其视为保密信息，是否能与教练分享。总的来说，我认为教练文化应最大程度地保持开放性和透明度，我们应鼓励被教练者直接与教练分享反馈意见。教练主管也可以用这些信息来检视被教练者对外部教练的评价。教练经理的这种检视通常不是在某一个教练项目结束后进行，而是在两个或三个教练项目结束之后，因为往往这时才能发现逐渐显露的模式。不过也有例外，当遇到某些特殊问题，比如有针对某个教练的投诉时，则应根据情况进行处理。

我访谈过的一些组织还为教练设计了结构化的反馈表格，请教练填写。教练可在表格上对教练项目的组织方式或者流程安排提出自己的想法，说明哪些可能促进或阻碍了教练活动达到最佳效果。这样，不但被教练者可以对教练提供反馈意见，而且教练也可以对教练项目管理流程提供反馈意见。在设计和使用该表格时，很重要的一点是，要允许教练对其具体客户的情况适当保密。

2. 组织培养自身教练与辅导能力

组织如果有内部的教练小组，也可以使用与外部教练类似的反馈流程，这不仅有利于对内外部教练效果进行直接比较，还可以确保组织在评估不同教练提供者的教练收益时采取标准的方法。注意一点，该反馈流程要包含一些有关教练服务方面的问题。

正如第 5 章所述，针对组织内部的教练服务和教练小组，我们可以把这样的反馈纳入教练服务的年度评审中，评审内容包括：

- 参加教练项目的客户数量及其在组织不同层级和职能部门的详细分布信息；
- 教练合约的平均时长；
- 活跃教练的人数及其平均客户数量；
- 客户对教练价值、教练关系和教练服务的平均反馈评分；
- 客户、教练和客户的上级主管对初始目标实现情况的评分；
- 与同级别未参加教练的员工相比，参加教练的员工中有多少人提高了绩效分数和获得了晋升。

就最后一点而言，教练服务需要将自身的反馈信息与更大范围组织中的绩效和晋升信息联系起来。许多组织在进入创建教练文化的第 5 步之前尚未做到这一点（见下文）。还有一些组织会聘用外部资源对自己的教练活动和效果进行审查，比如英国国家医疗保健系统创新与改进学会就曾经委托就业研究所进行一项评估。爱尔兰电力供应局委托一家人力资源咨询公司进行评估，具体的评估工作由布利基德·米尔纳博士完成。他发现，接受过教练的管理者对教练表示非常满意，他们中有相当比例的人认为，通过教练，他们显著提高了自身的工作绩效：

- 70.9% 的人表示，教练有助于自身工作目标的实现。
- 71.8% 的人表示，教练提高了他们对工作重点的关注。
- 70.9% 的人表示，教练使其工作方式有了很大改进。

尽管上述成果令人鼓舞，但这只是管理者自身的感觉。在评估阶段后期，组织要通过来自各方的 360 度反馈，来看一看他人眼中对管理者的评价是否有所转变，并严格测量成果中的积极转变。

3. 组织及领导层积极支持教练活动

在这一阶段，组织开始着手领导文化的转变，将教练方式融入其中。这时候，组织应对所需的领导力改变有明确的认知，并建立适当的方法评估目标达成的进展。

在本阶段，组织通常会开展教练发展日活动。有些组织会把内部教练和外部教练分开，而另一些组织则会一起进行。这样的发展日活动通常包含以下内容：

- 与教练分享来自教练评审的汇总信息；
- 邀请教练参与对这些信息的解读；
- 共同探讨教练们和教练服务可以采用哪些更有效的教练方式；
- 就一些新出现的问题提供内容学习。

本阶段中，组织还可以安排与外部个人教练进行检视，帮助他们了解和处理收到的反馈意见，探讨教练过程中需要做的改进，分析要实现这样的改进，还需要哪些额外的信息、学习或发展。

4. 发展团队教练，与员工形成新的互动关系

在这个阶段，可能有一系列不同类型的教练活动在组织的不同部门展开，因而每个类型的教练活动都需要有特定的反馈机制。这些反馈机制各不相同，但要确保具有可比性。有些组织会引入团队教练，我在《高绩效团队教练》（Hawkins, 2011a）一书中提供了一系列团队绩效的评估方法，分别用于团队教练开始前和结束后。这些方法包括团队成员的自我评估以及团队所有利益相关者的 360 度反馈，包括内部和外部利益相关者。我还认为，高管团队应建立集体的“平衡计分卡”和关键绩效指标，这样就可以把团队教练的得分与团队的实际绩效做比较，也可以与组织内外的看法相比较。

本阶段中，重要的是将教练重点转向组织的战略目标。英国外交和联邦事务部在其教练战略中写道：

任何有益于个人绩效的教练也将有益于组织绩效，但如果我们选择优先的战略目标并采用教练技术推进或巩固其进展，我们就可以取得更为直接的收益。

于是，他们从组织的战略计划中选出一系列可通过教练取得重大改进的项目，提交给指导委员会，请他们就教练关注的重点做出战略性选择，并确定他们希望教练产出的可衡量的成果，这些任务包括：

（a）对本部门的少数群体进行教练，以加强部门人员构成的多样性；
（b）将个体教练和团队教练与大型变革和改进项目结合起来，评估这些项目的效能提升度；
（c）由老员工对刚入职的新员工进行辅导，提高入职初期优秀员工的留任率；
（d）与董事和董事会确定未来进一步实施教练的优先领域，包括目标群体、团队或个人。

同时，他们提议转变高管教练资源的分配方式，高管如果要使用内部或者外部教练，首先要提交一份个人接受教练项目的业务计划，组织通过业务计划的质量来分配有限的资源。从这一点就可以看出，对教练收益的评估能够为教练战略提供依据，提升教练目标的完成度，从而带来最大化的业务收益。

5. 教练成为组织人力资源和绩效管理的基本要素

在本阶段，我们将对被教练者接受教练前后的绩效进行评估，以确定教练的产出与成果之间的关联度。教练服务和教练文化会带来很多变化，人力资源部门要将这些变化与组织中关键的人事测量指标联系起来。这包括：

- 员工满意度调查结果；
- 员工留任率。计算离职员工在全体员工中所占的百分比很有必要，但这还远远不够。更为重要的是，要衡量高绩效和高潜力员工的留任率。最关键的是谁从本公司离职，而不仅仅是多少人离职；
- 内部优秀员工填补高级岗位空缺的数量。这个指标可能会引发误解。一个组织可能想通过对外招聘使组织的人员构成实现必要的多样化。所以，重要的是在领导力战略上确定内聘和外聘人员的目标，然后跟踪由教练支持的人才输送通道是否有效，是否实现了人才聘用的目标；
- 员工缺勤率。一些人力资源部门的人事管理方案确定了降低缺勤率的目标，有的要求达到本行业或本地区平均水平，有的要求达到本领域“同类最佳水平”；
- 员工投诉、纪律惩戒听证会和劳动仲裁事件的数量。此类事件的数量将随着教练文化的开始建立而下降，而绩效问题也会以更恰当的方式更早得到解决。

第 9 章所描述的南方铁路公司的案例研究就是一个很好的例子，该公司将教练活动与上述评估领域取得的良好结果相关联。第 6 章欧盟委员会的案例研究也是好的例子，该案例指出，女性主管从 1995 年的 4% 增加到 2009 年的 21.4%，女性在中层管理人员中所占的比例翻了一番，从 10.7% 增加到 23.2%。

6. 教练成为许多组织的主要管理方式

上一阶段确立了教练与个人绩效改进之间的关联性，组织可在此阶段进一步确立教练与领导文化、管理文化以及组织文化与氛围之间的关联性。大多数组织目前正在进行客户满意度调查，调查内容包括员工对下述方面的反馈：

- 组织的领导层；
- 直接管理者；
- 组织氛围；
- 组织文化。

同样重要的是，问卷的目的并不是要评估领导者或者管理者多么受人拥护，而是衡量他们是否能实现组织的目标。因此，问卷通常会请员工按 5 点量表（强烈不同意、不同意、不置可否、同意、强烈同意），在以下方面给领导层打分：

- 领导层制订的组织发展战略明确且令人信服；
- 领导层给出的信息相互衔接且保持一致；
- 领导层与全体员工充分互动；
- 领导层听取员工的反馈并给予答复。

也可按 5 点量表从若干方面给员工的直接主管打分，例如：

- 我的主管为团队确定了明确的目标；
- 我的主管为我确定了明确的目标；
- 我的主管帮助我提高了达成目标所需的能力；
- 我的主管对我的绩效表现进行了有益的检视。

7. 教练成为我们与所有利益相关者开展业务的重要方式，并与我们创造价值的使命相联系

前面所讲的评估流程，尽管在评估对象上经历了从组织投入到绩效产出、从个人绩效到团队和组织绩效的转变，但其重点仍局限于组织内部。在本阶段，重点是将组织内部的变革与外部视角的绩效表现联系起来。许多组织获取了过多的外部反馈信息，但未能将其整合利用。

我经常向高管提出下列问题：

> 你如何将来自众多利益相关者的信息联系在一起：客户反馈、员工态度调查、新闻分析、监管者和公司分析师的报告、投资者反馈？

迄今为止，我从未听到过一个完全令人满意的答复，但是几乎所有我问过的高管都认为这是一个重要问题。一名首席执行官这样回答："如果我能将所有信息整合起来，就可以获取一幅强大的鸟瞰图，从而提升我们领航组织的能力！"遗憾的是，在大多数组织中，销售部负责客户反馈，市场部负责新闻分析，员工关系部负责员工态度调查，公司事务部负责投资者反馈，财务总监负责分析师和监管者的报告。

一旦将众多利益相关者的视角汇集起来，就会形成一套有价值的中间性指标，用于衡量教练对组织绩效改变和价值创造的作用。我们都会制定短期行为指标和长期产出指标，后者如财务绩效、分析师评定、客户和员工留任率和吸引力以及类似指标，但还缺乏中间性指标。为了弥补这一空缺，我们开发了若干360度反馈评估工具，"描述分析"就是其中之一，该工具可使组织看到所有关键利益相关者对组织的评价和期望（Hawkins & Smith, 2006; Hawkins, 2011a）。

教练与关于"投资回报"的争论

近年来，人们对各类教练支出的"投资回报"问题的关注陡然上升，这种关注体现在该领域的会议研讨、文章和学术论文越来越多，而且在教练战略中"投资回报"一词出现的次数也越来越多。发生这股热潮的一个重要原因来自教练和教练经理的担心或焦虑。在经济紧缩时期，组织对各种管理项目预算的财务审查日趋加强，他们急于为教练方面的支出辩护。正如第3章所述，英国外交和联邦事务部在其教练战略中写道：

教练是一项投资，而不是预算支出。

教练活动的“投资回报”问题日益引起人们关注还有另一个重要原因，那就是许多组织的高管强力敦促各业务部门不仅要提高效率、降低费用，还要提高效能以创造更大的价值。正如第 7 章中爱尔兰供电局的案例研究所述，教练界正着力解决这样一个问题：

我们怎样使组织内教练活动创造的价值翻一番？

人们对这一问题的关注有着强烈反应，但表达方式不同。有些人认为，教练效果其实难以衡量，因为不可能将教练的作用与其他发展活动截然分开，也不可能将其与影响绩效成果的背景因素截然分开。在复杂多变的系统性背景下考察个人或群体的变化，努力寻求基于实证的科学客观性，这无异于在彩虹尽头寻找黄金！不过，这并不意味着我们不应该寻求更有效、更严谨的评估方式，恰恰相反，我们应当采用更恰当的研究范式，开发适当的有效性指标。近 30 年来，在探索衡量教练效果的研究方法方面取得了很大进展，这些研究方法比那些严谨的科学实证研究更为适用，因为后者需要实验室条件，排除其他影响因素，固定背景因素并设置控制组。在复杂多变的系统性背景下研究人的变化，诸如行为研究（Reason, 1988, 1994; Reason & Bradbury, 2000）的研究方法更为适用，因为这种研究方法更注重现象及其变化，并且有适当的效度标准。就教练文化而言，这种研究方法具有如下特征：

- 更严谨的数据收集过程；
- 可相互参照的众多信息源，但不排除其主观性；
- 用相似方法定期重复收集信息；
- 命名并处理利益冲突；
- 对组织中采用不同人才发展方式的不同群体加以比较；
- 与其他同类组织的数据进行比较。

这种研究方法并不试图发现教练和绩效结果之间的线性因果关系，因为这是根本不可能的，任何人员和组织都不可能在线性因果关系的框架下运行。这种研究方法可以揭示哪种教练方式能够取得最佳效果，怎样更好地组织教练活动，将教练重点集中于哪些环节才能取得最大的投资回报，等等。

谢尔曼和弗里亚斯等学者认为，教练文化的转变很明显，并且显然是有价值的：

> 在创建教练文化方面，其结果也许不能直接用货币加以衡量，但没有一家公司不因此受益：坦诚增多了，拒绝减少了，沟通丰富了，人才的培养变得更加自觉，那些严谨甚至有些严厉的领导者开始表现出对他人的关心。（Sherman & Freas, 2004: 90）

当然，也有人认为美德良善不足以奠定教练这一重要事业的根基。有鉴于此，少数组织开始建立适当的机制，衡量教练支出方面的投资回报，这样做的组织在不断增多。

投资回报传统上被定义为从投资所取得的收益中扣除贬值后的税前利润，通常以税前利润在原投资额中所占的百分比表示。有些研究者将其应用于教练研究中，声称教练活动的投资回报率为 600%~700%（Anderson, 2001; McGovern et al., 2001; Parker-Wilkins, 2006）。

美国得克萨斯州夏尔巴高管教练集团 2010 年开展了高管教练调查，从各类公司的 200 多名人力资源管理专业人士那里获得了回应。在这些人中，有 87% 的人认为高管教练的价值“较高”或“很高”。不过，只有 18% 的人对教练活动支出的投资回报进行了计算。尽管如此，这也比上年度调查中的 7% 增长了一倍以上，仍是一个很大的进步。

现在为大家介绍一种相对简单的教练投资回报的计算方法，这是以夏尔巴的方法为基础发展起来的：

- 针对每个教练合约，收集通过教练所解决的问题，估算如果不解决这些问题或未改进绩效所付出的代价（如团队生产率提高产生的价值 24 000 英镑 + 员工跳槽率下降产生的价值 36 000 英镑 = 总收益 60 000 英镑）。
- 用上述数值乘以被教练个人或团队归因于教练的百分比（例如，被教练者表示，生产率的提高有 50% 可直接归因于教练，员工跳槽率的下降有 20% 可归因于教练）。用上述方法相乘后所得的数值分别为 12 000 英镑和 7 200 英镑，则本次教练活动的收益为 12 000 英镑 + 7 200 英镑 = 19 200 英镑。计算还可以更为精确：请被教练者的老板或下属参与进来，估算这些比率并求出平均值。
- 用上一步的数值乘以估算时的可信度，如可信度为 80%，则基于可信度调整后的教练收益为 19 200 英镑 ×80% = 15 360 英镑。
- 从上述数值中减去教练活动的费用 5 000 英镑，则可得出教练活动的净收益为 10 360 英镑。
- 最后用净收益 10 360 英镑除以教练活动的费用 5 000 英镑，可得出本次教练活动的投资回报率为 207.2%。

显然，这种科学方法并不那么精确，包含大量的主观判断。然而，在未来几年里，人们将越来越迫切地要求测量教练活动的投资回报率，因此有必要研究更精密的测量方法。与评估个别教练任务相比，评估教练文化要衡量教练活动对组织关系价值链（见第 11 章）各环节的影响，则需要更严格的方法。组织需要教练行业的学术界开发高质量的研究方法，然而，这方面的研究尚处于起步阶段，我在下文将会谈到这个问题。

教练研究

在考察教练研究时，德·缪斯等人（De Meuse, 2009: 117）曾写道：

> 目前，高管教练正逐渐盛行，但教练的专业应用、我们对采用教练的时机以及对教练效果的评估都远远滞后。

他们还说：“在学术界，综述性研究都得出同一结论，即教练产生积极效果的轶事证据缺乏实证数据的支持。”他们引用了费尔德曼和兰考（Feldman & Lankau, 2005）、坎帕－克凯什和安德森（Kampa-Kokesch & Anderson, 2001）和麦基（Mackie, 2007）等人的观点。

德·缪斯等人（De Meuse et al., 2009）对他们搜索到的教练研究进行了元分析。目前，在学术期刊上发表的教练文章显著增加，英格里斯（English, 2006）报告说，从1994~1999年到2000~2004年，此类文章的数量增加了300%，但研究性的论文相对较少。大多数研究属于回顾性研究，对教练活动的评价和进展，主要来自教练自身。德·缪斯及其同事仅发现了少数由外部教练做高管教练的统计研究，他们使用了教练前及教练后评定，其中仅有几例收集了被教练者之外的数据（从被教练者的直线经理和/或教练那里收集信息）。当我们将来自各方的观点汇集起来时不难发现，教练们认为教练带来的改进总会高于其他人的评价。不过，德·缪斯等人（De Meuse et al., 2009）采用极其严苛的标准做了6项研究，得出结论：“高管教练一般能使被教练者的技能和绩效水平有中等幅度到大幅度的提高”（p. 121）。

德·缪斯等人（De Meuse et al., 2009）还考察了10项回顾性研究，同时采用了培训界广为使用的柯氏四级评估模型（Kirkpatrick, 1977）。他们采用了其中的三个层级：（1）对教练活动的反应；（2）教练活动的成效（评估个人技能和绩效上的提高）；（3）教练活动对组织层面上的影响。在被考察的研究中，75%~95%的参与者对教练活动持肯定态度，这些研究几乎无一例外地表明参与者的个人效能有了提高。其中最有趣的研究来自帕克－威尔金斯（Parker-Wilkins, 2006），其受访者表示，教练帮助他们提高了以下三项主要能力：（1）领导行为，82%；（2）团队建设，41%；（3）员工培养，36%。在这些研究中，仅有少数几个涉及教练对组织层面的影响，它们都声称教练对组织有积极影响，但关注的影响不同：托尔博（Talboom, 1999）侧重于教练对下属出勤率的影响；安德森（Anderson, 2001）侧重于教练对生产率和员工满意度的影响；兰戴尔（Landale, 2005）则侧重于教练对领导层、管理层团队和业务成果的影响。有趣的是，在最后一项研究中，很多受访者（67%）声称他们在保持个人生活与工作平衡方面有了改进，较少的受访者（33%）声称他们在业务成果方面有了改进，前者是后者的两倍之多。

德·缪斯等人（De Meuse et al., 2009）在考察了这些教练研究后得出的结论是，尽管有很多证据表明教练能促成个人效能的提高，但并没有多少证据表明教练对组织改进有积极的影响。目前迫切需要对上述柯氏模型的三个层级进行更为严谨、持续、多方面的研究。

教练研究面临的挑战之一是阐释被教练者的个人发展如何转化为行为改变，这种行为改变又如何影响业务绩效和价值创造。为此，利达姆（Leedham, 2005）提出了一个金字塔模型，用来研究组织中的高管教练活动。该模型显示了教练活动在三个层面的联系：处于底部的教练投入、处于中间层的个人内在收益和外在收益以及处于顶端的业务成果（见图 13.1）。

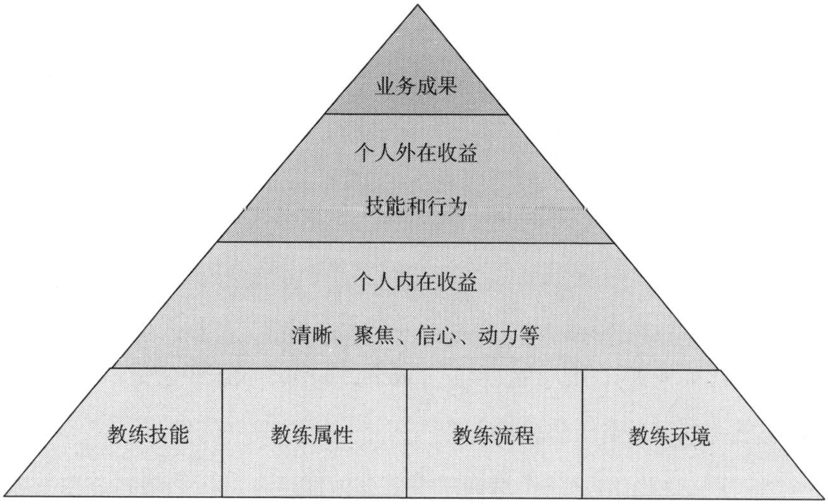

图 13.1　利达姆的教练研究模型（Leedham, 2005）

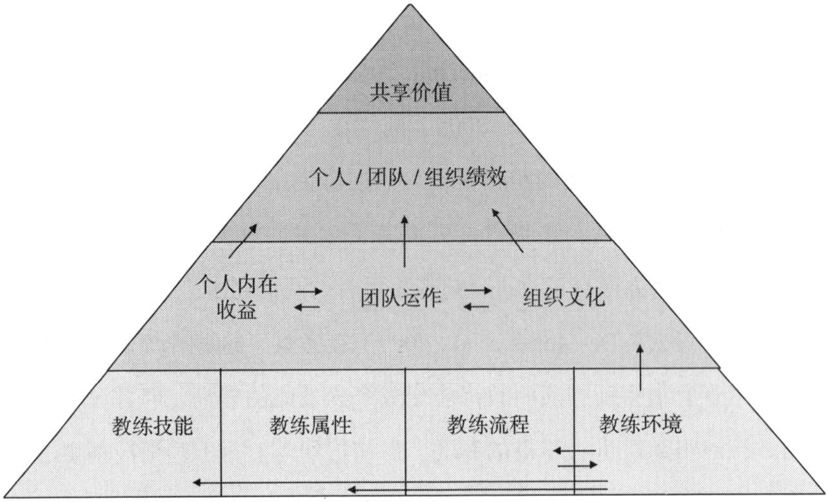

图 13.2 **霍金斯的教练研究模型（基于利达姆模型；Hawkins, 2005）**

在本书中，我曾指出，强调个体教练是创造业务成果的唯一途径，这种观点太过局限了。我们需要加强团队教练，以提高团队绩效，进而创建一个直接促进总体组织文化、业务绩效和更广泛的利益相关者共享价值观的教练环境。因此，我在利达姆（Leedham, 2005）模型的基础上构建了一个新的教练研究模型（见图 13.2）。

除了利达姆和德·缪斯及其同事提议的对教练成果进行更为严谨的研究外，我认为还需要对以下各项进行更广泛的研究：

- 教练文化如何促进教练技能、教练属性和教练流程的提升，从而又反向促进教练文化的发展；
- 教练文化如何促进组织文化在所需方向上发展；
- 团队教练如何提高团队绩效和业务成果，如何影响组织文化；
- 个体教练如何影响团队绩效；
- 个人、团队和组织这三个层面的绩效如何促进在更广泛的利益相关者群体当中创造共享价值。

结束语

在创建教练文化的每个阶段，很重要的是组织要做到以下各项：

- 针对教练投入的各个方面制定明确的标准；
- 针对个人、团队和组织这三个层面的预期产出，制定明确的目标；
- 确定如何将个人和团队在教练过程中获得的收益，转化为组织绩效的提升、文化的变革以及战略目标的实现；
- 确定战略目标、组织文化以及绩效提升如何促进在更广泛的利益相关者群体当中创造共享价值；
- 确定以上各项的评估方法。

一些组织在内部就可以完成上述任务，而另一些组织则需要寻求外部咨询师或研究者的帮助。这两种方式都可以帮助组织建立完善的流程，同时对教练活动进行评审。

从教练的评审和评估中可以得出很多明确的信息和知识，有助于组织发展并关注教练流程和干预方案。此外，这样的评审还可为日后跨组织的广泛教练研究奠定基础，以寻求最有效的教练方法和建设教练文化的方法。为了推动组织的教练工作进入下一个发展阶段，有必要加强高管、教练经理、教练提供者和研究者之间的对话。我们亟须构建一套更具共享性的语言和框架，保障这种对话的顺利进行。

14 结束语：在挑战中前行

作家汤姆·麦卡锡（Tom McCarthy）在英国广播公司第四频道的节目《小说的诞生》（2011 年 2 月 15 日）中说道，每部小说都应包含否定其自身的因素，即深嵌于小说内的反小说因素，如同牡蛎体内的细沙，在岁月的磨砺下成为品质隽永的珍珠。因此，在结束这本书和创建教练文化这个主题之前，请允许我用少量篇幅来分享一些对立观点——你为何应该提防那些崇尚教练文化的人。我们当中的许多人从事组织发展很多年，亲眼看到许多创新和发展的新方法成为“年度风尚”，但很快就消失得无影无踪。它们无一不是在人们的热情支持下闪亮登场，最终在人们的失望中黯然收场。

有一些方法成为想象中的圣杯，自以为概念卓然，却忘记了它最多只是一种服务于更大目标的工具。还有一些举措被保留下来，但失去了其革故鼎新的犀利锋芒和勃勃生机，沦为人力资源部门一个堂而皇之的摆设，变得过于官僚化，自私自利。本应充满生机和活力的发展举措，被繁苛的考核和过于复杂的官僚化程序紧紧束缚着。组织的支持体系喧宾夺主，取代了核心主体。有人曾对我说，教练文化只不过是一个幻象，还有一名悲观主义者描述说，教练文化就是在组织这个现实的大沙漠中幻想出来的一片绿洲。一位高管认为，教练文化只不过是代表好的管理和人际关系的新名词。

有些书还带来了另一种风险，那就是将所需的流程和步骤过分复杂化，认为每件事都能用按部就班的方式加以规划和设定。我在本书开头曾引用过一小句格言：

> 种树是为了传承。建花园是为了改善生态环境。但花园中必须留下空间，让荒野施展魔力。

真正创建教练文化意味着改变一个组织的生态环境，改变该组织与内部和外部的关联和连接方式。然而，正如那句格言所揭示的，创建教练文化并不是仅靠合理规划或者照方抓药就能实现的。我当然希望你能从本书介绍的许多模型和实例中学到一些东西，但归根结底，每个组织都要走自己的路，同时为自己留下一些回旋余地，因为总有意想不到的变化发生，有可能带来惊奇、喜悦，也有可能将我们拟订的完美计划碾为一团废纸。

那么，假如我们回顾前面复杂的模型和步骤，尝试对教练文化这个概念进行解构，我们会有什么发现？创建教练文化的所有举措都是将与教练有关的各种要素进行融合，有机地形成一个新的整体，而这个整体的作用远远大于各部分之和。它能够促进组织文化的转变，进而实现组织与所有利益相关者的共享价值。这些要素包括：

- 由训练有素的内部或外部教练提供的正式教练服务；
- 教练督导；
- 采用教练技巧管理绩效和人员发展；
- 采用教练方式进行管理、领导以及与员工和利益相关者互动；
- 采用教练方式建设团队（无论是领导力团队还是项目团队，无论是虚拟团队还是同地协作团队）。

要使上述要素得以保持并以最有价值的方式结合在一起，就要求：

- 由组织的高层领导者发起教练活动，中层管理者勇于创新，联合行动；
- 与组织的其他所有重要举措相互衔接，与组织的使命、战略和目标协同一致；

- 成为人才选拔、绩效管理、人才管理、晋升和奖励的支持机制。

如果我们将其进一步解构，我们甚至会发现，教练文化是创建学习型文化的一个方面，而学习型文化只是创建以高度参与、不断变革与创新、高绩效文化为特征的新型组织文化的一个方面。当然还不止于此，它还能促进整个组织及其所有的利益相关者和更广泛的系统创造共享价值（Porter & Kramer, 2011）。

如果我们进一步解构，就会问："假如我们抛开各种理论和模型、各种流派和方法，抛开这个蓬勃发展的数十亿美元的生意，单纯去追寻教练的本质，那会是什么？"从本质上说，教练提供了某些有助于生成式交谈的技能和原则。这种交谈能够激发新的思考，而这种思考是任何一方事先都无法预料的，它产生于双方建立的高质量教练关系。用科学家戴维·玻姆（Bohm, 1987, 1996）的话说，这种交谈并不是交流事先思考好的想法，而是双方一同重新思考。玻姆认为，这种对话和生成式交谈是思维、心智模式、内在假设和情绪转变的核心，是组织转型和革新的生命之血。众多其他有影响力的学者也秉持同样的观点（Grudin, 1996; Zeldin, 1998; Issacs, 1999; Wheatley, 2002; Senge et al., 2005）。

对话是一种沟通方式，既能够提高有关各方的学习能力，也确保必要的信息得以分享，共同做出决策和规划，协同发展，共同管理。玻姆这样描述对话：

> "dialogue"来源于希腊语，其中"dia"是"通过"的意思，"logue"源自"logos"，是"词语"的意思。但在这里，对话表示的并不是这个词的本义（比如声音），而是其含义。**对话是意义在人与人之间的自由流动。**我们不妨将双方的对话想象为两岸间的潺潺溪流。
>
> 关于对话，最重要的一点是要认识到，一个人可能喜欢某个观点，但不会毫无商量余地地坚持这个观点。他有足够的同情心和兴趣听取他

> 人的观点，确切理解他人的意思，在认为必要时改变自己的观点。
>
> ……只有当人们能够坦然面对分歧，既不因为分歧而发生冲突，也不会礼貌性地回避问题，并且愿意共同探索那些个人并不认可的观点时，对话才能真正发生。（Bohm, 1989: 61 特别强调）

比尔·伊萨克斯（Issacs, 1999）将对话定义为“围绕中心话题进行的交谈”。他还说：

> 这是一种放下分歧、探索前所未有的新见解的方法。它使我们摆脱偏执，寻求共识，因此，这是一种从其他群体获取智慧并与他们协同行动的方法。（Issacs, 1999: 19）

在我的写作和教学生涯中，我曾将对话和辩论、讨论和谈判做过比较，阐述如何将对话视为意义在两人或多人之间的流动。其中的重点是，在对话中应富有想象力地“透过他人的双眼看待问题”或“站在他人立场上考虑问题”，努力理解对方的过往经历和现实处境。一次有效的对话，就是寻求某种新的意义的过程，这种新的意义能够改变现有思路，形成新见解，并制定新的、更为有效的行动举措。

教练为工作场所带来的最重要的贡献之一是提高了交谈质量，帮助人们从争辩、讨论和信息交换转向“生成式对话”。创建教练文化的核心是从根本上改变日常交谈的质量，无论这种交谈发生在团队会议上、电话中、走廊内，还是更有结构性的正式教练约谈中。

科技和工业革命的整个历程，从 15 世纪末期印刷机的发明开始，经过 18 世纪和 19 世纪机械和蒸汽动力的发明，到 20 世纪以汽油为动力的运输和生产，无一不是建立在基本的分析能力和解决线性因果关系问题的思维方式上。随着我们进入 21 世纪，这种思维方式已经能够被快速发展的计算机功能接管，与此同时，处于人类进步前沿的学习发生了很大变化。组织内部、组织之间乃至全世界面临的重要挑战都需要采用截然不同的新型思维方式，要具备连接性、相关性、整体性和系统性的特征。从本质上看，这种新型思维方式是不可能仅靠个人冥思苦想实现的（这是因为，无论其置身于什么系统，个人都只是系统的一部分，个人的视野也总有局限性），而是依靠众人共同思考的能力。

组织因交谈而发生转变，交谈的质量决定着组织在不断变化的环境中的再生和发展能力。教练因为能够促成组织内部以及组织与利益相关者之间更好的交谈和对话，因而成为影响组织变革进程的核心因素。在正式的教练约谈中，双方都应养成探询和生成式对话的习惯。为此，应开展真正的对话，教练本人也会在这种对话中不断学习和成长。

教练还可以成为组织的“反思者”，帮助那些身在组织文化中的人退后一步，察觉到他们把什么当成了理所当然的事情，或者刻意地忽视了哪些问题。玛格丽特·赫夫南（Heffernan, 2011）在她的《视而不见：我们如何忽视显而易见的风险》一书中，用事实说明了我们经常停止对组织内一些重要模式的注意，并对其闭口不谈，而这些问题不解决，必将造成破坏性影响。她向人们表明，在英国石油公司、安然公司和雷曼兄弟公司这些案例中，许多员工意识到有些事情发生了根本性错误，但他们没有谈论怎样解决这些重大问题。由此可见，良好的交谈对于我们的生存具有极其重要的意义。

然而，要实现真正的、持续的变革，教练不应仅满足于个人、团队内部以及组织与利益相关者之间进行的良好交谈。我在本书开头论述过，如果教练仅满足于启发洞见、增强觉察、促成良好意图，就意味着没有充分实现教练的价值。教练需要在生成式对话的基础上促进生成式行动，从更好的相互了解转向深入的相互合作，实现只有在共同行动下才能实现的成果。

为了创建并保持教练文化，有必要在系统各部分开展教练活动，始终重视教练的质量和深度，打造更加有效的领导者、管理者、员工、团队以及与利益相关者的伙伴关系，创造真正的共享价值。

处于十字路口的教练行业

我在第 1 章就指出，教练行业正处于十字路口。教练行业的指数级增长和传播令人瞩目，这也招致了人们对教练行业能否产生实际价值的质疑（Hawkins, 2008）。鉴于 2008~2010 年全球经济衰退（不包括中国、印度、巴西以及其他一两个较小的国家），大多数组织致力于严格缩减所有的管理费用，这不仅体现在公共部门，商业组织也是如此。除非将教练活动视为一种能真正产生价值的投资，否则教练活动终将被当作众多非必要项目之一而遭到大幅削减。

教练研究表明，教练确实能对被教练者产生实际价值，这种实际价值体现在被教练者的觉察、洞见、技能和专注力等方面的提高。也有证据表明高管自我觉察的提高和良好的意图，能最终转化为实际的工作绩效，但并没有多少证据表明这种教练活动究竟对促进组织和团队的学习、发展和变革发挥了多大作用。

展望教练行业的未来，我预见到以下三种可能出现的情形：

情形 1：先稳后降

在这种情形下，教练行业未能体现出在促进个人发展之外还有哪些价值，许多高管会认为这是一种华而不实的奢侈品，成为财务紧缩时期的裁减对象。公共部门将继续裁减所有外部教练活动，同时对内部教练施加更大的压力，令其在短时间内扩大服务范围，而且不再提供必要的基础架构支持。

部分已建成的教练基础架构被废除，许多内部教练离职，自谋生路，但业务惨淡。人们只能寄希望于管理者掌握最基本的教练技术，能够领导、管理和培养自己的下属员工。

情形 2：成为少数人享有的特殊待遇

这种情形也会发生在教练开支急剧缩减的时期。在这种情形下，教练对象仅限于高管和精心挑选的正在快速发展的储备人才。有些教练活动会继续成为领导力培养项目的一部分。财力较强的公司仍能拿出足够的资金开展教练活动，而另一些规模较小且盈利较少的公司以及公共部门和民间团体，将会把教练活动当作非必要项目而不得不裁减，二者之间的鸿沟将不断加大。在一些快速增长的经济体如中国、印度和巴西，教练将会持续繁荣。

情形 3：教练行业步入新的发展阶段

在这种情形下，教练行业进入一个崭新而不同的发展阶段。教练行业和商业教练积极响应需求，为个人和组织提供价值。更多的研究揭示出教练、教练文化、组织绩效和价值创造之间的关联。教练不仅能够造就管理者和领导者个人的发展，还能推动领导力和组织的发展。高层领导者认识到，教练是加强组织灵活性、韧性、变革和转型能力的关键因素。教练是一切组织变革举措的关键所在。

要使情形 3 成为现实，教练、教练培训者、教练组织、内部教练社群、教练组织者和买方就要一同面对五个关键且相互联系的挑战：

1. 在企业内进行的任何教练活动不应仅专注于增强被教练者的个人觉察、洞见和良好意图，还应专注于提高被教练的个人、团队和组织的绩效，推动利益相关者的价值实现，以此作为成果目标。这就要求实行高效的三方合约、回顾、评估，并采取适当手段督促组织学习，实现个人和组织双赢。
2. 更加专注于系统化的团队教练，促进高绩效团队的培养和高效领导力团队建设，增强团队的凝聚力，并确保其在教练活动结束后继续保持下去。
3. 不仅要把外部和内部教练的工作整合在一起，还要确保建立必要的可持续机制，将教练活动嵌入组织建设的总体布局。

4. 确定教练战略，使其涵盖建设教练文化的所有步骤，相信文化变革对组织的成功转型和变革是必要的。
5. 每个组织都将教练用于内部领导和管理以及与利益相关者的外部互动中，从而实现从利益相关者的体验到领导力文化的关系价值链上诸环节的整合。

只有牢牢把握上述五个方面的挑战，组织中的教练活动才能迎来蓬勃发展的新阶段，而不至陷入停滞和萎缩，或成为少数人的特殊待遇。

教练战略和创建教练文化的方向

最近两年来，我走访过不少有进取心和充满活力的教练文化组织，深为教练经理、教练和高层领导者们的执着、魄力和决心所折服，他们通过加强人员发展使组织焕然一新。人们常说,组织生活中有一个巨大的谎言,就是“人是我们最重要的资产”，因为这句话只停留在口头上，从未真正付诸实践。然而，在我所考察过的正在努力建设教练文化的组织中，许多领导者、管理者和员工正在明确地将这句话付诸实践。

同样令人鼓舞的是，许多教练活动的先行者正在形成跨组织、跨行业和跨国家的紧密关系网络，相互学习，推广最佳实践。大多数网络是非正式的，但有些专业组织正通过建立交流论坛和协作会议来支持正式的关系网络。我希望本书能支持和促进这种最佳实践的传播，因为目前该领域还没有任何一个组织能够成为其他组织的榜样或标杆。本书介绍的一些公司已经出色地创建了教练文化，可供其他组织学习和借鉴，但没有一个组织完全具备了教练基础架构所应有的全部要素。只有内部和外部教练、教练的买方和提供者、学者、研究者以及从业者继续密切合作，才能构建完整的教练战略。即便有了完备的教练战略，精心建立了与企业使命和战略相挂钩的教练基础架构，我们仍有许多工作要做，包括深化和扩展教练质量，以及持续孕育更广阔的组织文化，以更好地满足外部环境不断变化的需要。

路漫漫其修远兮，未来变幻莫测，让我们着手创建更好的教练战略，助力组织创建并保持更加紧密、有效、灵活的文化。

参考文献

Anderson, M.C. (2001) *Executive briefing: case study on the return on investment of Executive Coaching* (available at MetrixGlobal; accessed 1 December 2011).

Anderson, V., Rayner, C. and Schyns, B. (2009) *Coaching at the Sharp End: The Role of the Line Managers in Coaching at Work*. London: Chartered Institute of People Development.

Argyris, C. (1993) *Knowledge in Action*. San Francisco, CA: Jossey-Bass.

Argyris, C. and Schön, D. (1978) *Organizational Learning*. Reading, MA: Addison-Wesley.

Attwood, M., Pedler, M., Pritchard, S. and Wilkinson, D. (2003) *Leading Change: A Guide to Whole Systems Working*. Bristol: Policy Press.

Bachkirova, T., Jackson, P. and Clutterbuck, D. (eds.) (2011) *Coaching and Mentoring Supervision: Theory and Practice*. Maidenhead: Open University Press.

Balint, M., Balint, E., Gosling, R. and Hildebrand, P. (1966) *A Study of Doctors*. London: Tavistock Publications.

Bateson, G. (1972) *Steps to an Ecology of Mind*. New York: Ballantine.

Beck, D. and Cowan, C. (1996) *Spiral Dynamics: Mastering Values, Leadership and Change*. Oxford: Blackwell Business.

Beckhard, R. and Harris, R. (1977) *Organizational Transitions: Managing Complex Change*. Reading, MA: Addison-Wesley.

Belbin, M. (2004) *Management Teams: Why they Succeed or Fail*. London: Heinemann.

Binney, G., Wilke, G. and Williams, C. (2005) *Living Leadership: A Practical Guide for Ordinary Heroes*. London: Prentice-Hall.

BlessingWhite (2008) *The Coaching Conundrum 2009: Building a Coaching Culture that Drives Organizational Success*. Princeton, NJ: BlessingWhite.

Bohm, D. (1987) *Unfolding Meaning* (edited by D. Factor). London: Routledge & Kegan Paul.

Bohm, D. (1989) Meaning and information, in P. Pylkkanen (ed.) *The Search for Meaning*. Wellingborough: Crucible/Thorsons.

Bohm, D. (1994) *Thought as System*. London: Routledge.
Bohm, D. (1996) *On Dialogue*. London: Routledge.
Boyatzis, R. and McKee, A. (2005) *Resonant Leadership: Renewing Yourself and Connecting to Others, through Mindfulness, Hope and Compassion*. Boston, MA: Harvard Business School Press.
Braddick, C. (2010) *More Process, Less Insight? Survey Report: Trends in Executive Coach Selection*. Braintree: Graham Braddick Partnership.
Burke, W. (2002) *Organization Change: Theory and Practice*. London: Sage Publications.
CapGemini (2010) *Cutting Costs while Growing Customer Focus through BeLean®*. New York: CapGemini.
Caplan, J. (2003) *Coaching for the Future: How Smart Companies Use Coaching and Mentoring*. London: CIPD.
Carr, R. (2005) *Coaching Statistics, Facts, Guesses, Conventional Wisdom and the State of the Industry*. Victoria, BC: Peer Resources.
Carr, R. (2008) Coach referral services: do they work?, *International Journal of Evidence Based Coaching and Mentoring*, 6(2): 114–18.
Chartered Institute of Personnel and Development (CIPD) (2004) *Re-organising for Success: A Survey of HR's Role in Change*. London: CIPD.
Chartered Institute of Personnel and Development (CIPD) (2008) *Learning and Development: Annual Survey Report*. London: CIPD.
Chartered Institute of Personnel and Development (CIPD) (2009) *Taking the Temperature of Coaching*.
Clark, M. (2002) The relationship between employees' perception of organizational climate and customer retention rates in a major UK retail bank, *Journal of Strategic Marketing*, 10: 93–113.
Clutterbuck, D. (2007) *Coaching the Team at Work*. London: Nicholas Brealey.
Clutterbuck, D. (2010) Team coaching, in E. Cox, T. Bachkirova and D. Clutterbuck (eds) *The Complete Handbook of Coaching*. London: Sage.
Clutterbuck, D. and Megginson, D. (2005) *Making Coaching Work: Creating a Coaching Culture*. London: CIPD.
Collins, J.C. (1999) Turning goals into results: the power of catalytic mechanisms, *Harvard Business Review*, July/August, pp. 71–82.
Collins, J.C. (2001) *Good To Great: Why Some Companies Make the Leap and Others Don't*. London: Random House.
Cooperrider, D.L. and Srivastva, S. (1987) Appreciative inquiry in organizational life, in R.W. Woodman and W.A. Passmore (eds) *Research in Organizational Change and Development*, Vol. 1. Greenwich, CT: JAI Press.
Corporate Leadership Council (2003) *Maximizing Returns on Professional Executive Coaching*. Washington, DC: Corporate Executive Board.
Corporate Research Forum (2006) *Obtaining Value from Executive Coaching*. London: Corporate Research Forum.

Coutu, D. and Kauffman, C. (2009) What can coaches do for you?, *Harvard Business Review*, 87(1): 91–7.

De Hahn, E. (2008) *Relational Coaching: Journeys Towards Mastering One-To-One Learning*. Chichester: Wiley.

De Meuse, K.P., Dai, G. and Lee, R.J. (2009) Evaluating the effectiveness of executive coaching: beyond ROI?, *Coaching: An International Journal of Theory, Research and Practice*, 2(2): 117–34.

Dixon, N.M. (1998) *Dialogue at Work: Making Talk Developmental for People and Organizations*. London: Lemos & Crane.

Dyke, G. (2004) *Greg Dyke: Inside Story*. London: HarperCollins.

Eleftheriadou, Z. (1994) *Transcultural Counselling*. London: Central Book Publishing.

Ellinger, A.D. (2005) Contextual factors influencing learning in a workplace setting: the case of 'reinventing itself company', *Human Resource Development Quarterly*, 16(3): 389–415.

English, M. (2006) Business print media coverage of executive coaching: a content analysis. Doctoral dissertation, Capella University, Minneapolis, MN.

Feldman, D.C. and Lankau, M.J. (2005) Executive coaching: a review and agenda for future research, *Journal of Management*, 31(6): 829–48.

Fisher, R. and Ury, W. (1991) *Getting to Yes: Negotiating Agreement without Giving In*, 2nd edn. Harmondsworth: Penguin.

Frisch, M.H. (2001) The emerging role of the internal coach, *Consulting Psychology Journal*, 53(4): 240–50.

Garratt, B. (1987) *The Learning Organization*. London: Fontana/Collins.

Garratt, B. (1996) *The Fish Rots from the Head: The Crisis in our Boardrooms*. London: HarperCollins Business.

Garratt, B. (2003) *Thin on Top*. London: Nicholas Brealey.

George, W. (2003) *Authentic Leadership: Rediscovering the Secrets of Creating Lasting Value*. San Francisco, CA: Jossey-Bass.

Gerstner, L. (2002) *Who Says Elephants Can't Dance? How I Turned Around IBM*. London: HarperCollins.

Goleman, D. (1996) *Emotional Intelligence: Why it can Matter More than IQ*. New York: Bantam Books.

Goleman, D. (1998) *Working with Emotional Intelligence*. New York: Bantam Books.

Goleman, D. (2009) *Ecological Intelligence*. New York: Broadway Books.

Grant, A.M. and Cavanagh, M.J. (2004) Towards a profession of coaching: sixty-five years of progress and challenges for the future, *International Journal of Evidence Based Coaching and Mentoring*, 2(1): 1–16.

Grudin, R. (1996) *On Dialogue: An Essay in Free Thought*. Boston, MA: Houghton Mifflin.

Hackman, J.R. (2002) *Leading Teams: Setting the Stage for Great Performance*. Cambridge, MA: Harvard Business Books.

Hackman, J.R. and Wageman, R. (2005) A theory of team coaching, *Academy of Management Review*, 30(2): 269–87.

Hardingham, A., with Brearley, M., Moorhouse, A. and Venter, B. (2004) *The Coach's Coach: Personal Development for Personal Developers*. London: CIPD.

Hargrove, R. (2003) *Masterful Coaching*. San Francisco, CA: Jossey-Bass/Pfeiffer.

Hawkins, P. (1986) Living the learning. PhD thesis, University of Bath Management School, Bath.

Hawkins, P. (1991) The spiritual dimension of the learning organization, *Management Education and Development*, 22(3): 172–87.

Hawkins, P. (1993) *Shadow Consultancy*, Working Paper. Bath: Bath Consultancy Group.

Hawkins, P. (1994) The changing view of learning, in J. Burgoyne (ed.) *Towards the Learning Company*. London: McGraw-Hill.

Hawkins, P. (1997) Organizational culture: sailing between evangelism and complexity. *Human Relations*, 50(4): 417–40.

Hawkins, P. (1999) *Organizational Unlearning*. Keynote address at the Learning Company Conference, University of Warwick, Warwick.

Hawkins, P. (2005) *The Wise Fool's Guide to Leadership*. Winchester: O Books.

Hawkins, P. (2006) Coaching supervision, in J. Passmored (ed.) *Excellence in Coaching*. London: Kogan Page.

Hawkins, P. (2008) The coaching profession: key challenges, *Coaching: An International Journal of Theory, Research and Practice*, 1(1): 28–38.

Hawkins, P. (2009) Developing an effective coaching strategy, *Global Focus: The EFMD Business Magazine Supplement*, 3(3): 15–19.

Hawkins, P. (2010) Coaching supervision, in E. Cox, T. Bachkirova and D. Clutterbuck (eds) *The Complete Handbook of Coaching*. London: Sage.

Hawkins, P. (2011a) *Leadership Team Coaching: Developing Collective Transformational Leadership*. London: Kogan Page.

Hawkins, P. (2011b) Building emotional, ethical and cognitive capacities in coaches: a developmental model of supervision, in J. Passmore (ed.) *Supervision in Coaching*. London: Kogan Page.

Hawkins, P. (2011c) Systemic coaching supervision, in T. Bachkirova, P. Jackson and D. Clutterbuck (eds) *Coaching and Mentoring Supervision: Theory and Practice*. Maidenhead: Open University Press.

Hawkins, P. and Chesterman, D. (2006) *Every Teacher Matters*. London: Teacher Support Network.

Hawkins, P. and Schwenk, G. (2006) *Coaching Supervision*. London: CIPD Change Agenda.

Hawkins, P. and Schwenk, G. (2010) The interpersonal relationship in the training and supervision of coaches, in S. Palmer and A. McDowell (eds) *The Coaching Relationship: Putting People First*. London: Routledge.

Hawkins, P. and Schwenk, G. (2011) The seven-eyed model of supervision, in T. Bachkirova, P. Jackson and D. Clutterbuck (eds) *Coaching and Mentoring Supervision: Theory and Practice*. Maidenhead: Open University Press.

Hawkins, P. and Shohet, R. (2006) *Supervision in the Helping Professions*, 3rd edn. Maidenhead: Open University Press.

Hawkins, P. and Smith N. (2006) *Coaching, Mentoring and Organizational Consultancy: Supervision and Development*. Maidenhead: Open University Press/McGraw-Hill.

Hawkins, P. and Smith, N. (2010) Transformational coaching, in E. Cox, T. Bachkirova and D. Clutterbuck (eds) *The Complete Handbook of Coaching*. London: Sage.

Hawkins, P. and Wright, A. (2009) Being the change you want to see: developing the leadership culture at Ernst and Young, *Strategic HR Review*, 8(4): 17–23.

Hedberg, B. (1981) How organizations learn and unlearn, in P. Nystrom and W. Starbuck (eds) *Handbook of Organizational Design, Vol. 1: Adapting Organizations to Their Environments*. Oxford: Oxford University Press.

Heffernan, M. (2011) *Wilful Blindness: How We Ignore the Obvious at Our Peril*. London: Simon & Schuster.

Helminski, K. (1999) *The Knowing Heart*. Boston, MA: Shambhala.

Hersey, P. and Blanchard, K.H. (1977) *Management of Organizational Behavior Utilizing Human Resources*, 3rd edn. Englewood Cliffs, NJ: Prentice-Hall.

Hirschorn, L. and Gilmore, T. (1992) The new boundaries of the boundaryless company, *Harvard Business Review*, May/June, pp. 104–15.

Holbeche, L. (2005) *The High Performance Organization*. Oxford: Elsevier Butterworth-Heinemann.

Honey, P. and Mumford, A. (1982) *The Manual of Learning Styles*. Maidenhead: Peter Honey Publications.

Hooper, R.A. and Potter, J.R. (2000) *Intelligent Leadership: Creating a Passion for Change*. London: Random House.

Huffington, C. (1998) The system in the room: the extent to which coaching can change the organization, in D. Campbell and C. Huffington (eds) *Organizations Connected: A Handbook of Systemic Consultation, Systemic Thinking and Practice: Work with Organizations*. London: Karnac Books.

Hunt, J.M. and Weintraub, J.R. (2006) *The Coaching Organization: A Strategy for Development*. London: Sage.

Hutchinson, S. and Purcell, J. (2003) *Bringing Policies to Life: The Vital Role of Front Line Managers*. London: CIPD.

Hutchinson, S. and Purcell, J. (2007) *Line Managers' Role in Reward, Learning and Development*. Research into Practice Report. London: CIPD.

Illich, I. (1997) *Disabling Professions*. London: Marion Boyars.

International Coaching Federation (2011) *Core competencies.*

Issacs, W. (1999) *Dialogue: And the Art of Thinking Together.* New York: Currency.

Jarvis, J., Lane, D.A. and Fillery-Travis, A. (2006) *The Case for Coaching: Making Evidence Based Decisions.* London: CIPD.

Kampa-Kokesch, S. and Anderson, M.Z. (2001) Executive coaching: a comprehensive review of the literature, *Consulting Psychology Journal: Practice and Research*, 53: 205–28.

Kaplan, R.S. and Norton, D.P. (1992) The balanced scorecard – measures that drive performance. *Harvard Business Review*, January/February, pp. 71–9.

Kaplan, R.S. and Norton, D.P. (1996) *Translating Strategy into Action: The Balanced Scorecard.* Boston, MA: Harvard Business School Press.

Karpman, S. (1968) Fairy tales and script drama analysis (selected articles), *Transactional Analysis Bulletin*, 7(26): 39–43.

Katzenbach, J. and Smith, D. (1993a) The discipline of teams, *Harvard Business Review*, March/April, pp. 111–20.

Katzenbach, J. and Smith, D. (1993b) *The Wisdom of Teams: Creating the High-performance Organization.* Cambridge, MA: Harvard Business School Press.

Kempster, S. (2009) *How Managers Have Learnt to Lead.* Basingstoke: Palgrave Macmillan.

Kets de Vries, M.F.R. (2006) *The Leader on the Couch: A Clinical Approach to Changing People and Organizations.* San Francisco, CA: Jossey-Bass.

Kirkpatrick, D.L. (1977) Evaluating training programmes: evidence vs. proof, *Training and Development Journal*, 31(11): 9–12.

Kline, N. (1999) *Time to Think: Listening to Ignite the Human Mind.* London: Cassell.

Knights, A. and Poppleton, A. (2008) *Coaching in Organizations.* London: CIPD.

Kotter, J.P. (1995) Leading change: why transformation efforts fail, *Harvard Business Review*, March/April, pp. 59–67.

Landale, A. (2005) When coaching measures up, *Training Magazine*, October, p. 20.

Laske, O. (2003) Executive development as adult development, in J. Demick and C. Andreoletti (eds) *Handbook of Adult Development.* New York: Plenum/Kluwer.

Leedham, M. (2005) The coaching scorecard: a holistic approach to evaluating the benefits of business coaching, *International Journal of Evidence Based Coaching and Mentoring*, 3(2): 30–44.

Luthans, F. and Peterson, S.J. (2003) 360 degree feedback with systemic coaching: empirical analysis suggests a winning combination, *Human Resource Management*, 43: 243–56.

Mackie, D. (2007) Evaluating the effectiveness of executive coaching: where are we now and where do we need to be?, *Australian Psychologist*, 42: 310–18.

March, J.G. and Olsen, J.P. (1976) *Ambiguity and Choice in Organizations*. Bergen: Universitetsforlaget.

Marshall, J., Coleman, G. and Reason, P. (2011) *Leadership for Sustainability: An Action Research Approach*. Sheffield: Greenleaf.

Maxwell, A. (2011) Supervising the internal coach, in T. Bachkirova, P. Jackson and D. Clutterbuck (eds) *Coaching and Mentoring Supervision: Theory and Practice*. Maidenhead: Open University Press.

McDermott, M., Levenson, A. and Newton, S. (2007) What coaching can and cannot do for your organization, *Human Resource Planning*, 30(2): 30–7.

McGovern, J., Lindemann, M., Vergara, M., Murphy, S., Barker, L. and Warrenfeltz, R. (2001) Maximizing the impact of executive coaching: behavioral change, organizational outcomes and return on investment, *Manchester Review*, 6(1): 1–9.

McGurk, J. (2008) *Coaching and Buying Coaching Services Guide*. London: CIPD.

Megginson, D. and Clutterbuck, D. (2005) *Techniques for Coaching and Mentoring*. Oxford: Elsevier Butterworth-Heinemann.

Mintzberg, H. (1994) *The Rise and Fall of Strategic Planning: Reconceiving Roles for Planning, Plans and Planners*. New York: Simon & Schuster.

Obolensky, N. (2010) *Complex Adaptive Leadership: Embracing Paradox and Uncertainty*. Farnham: Gower.

O'Neill, M.B. (2000) *Executive Coaching with Backbone and Heart: A Systems Approach to Engaging Leaders with Their Challenges*. San Francisco, CA: Jossey-Bass.

Oshry, B. (1999) *Leading Systems: Lessons from the Power Lab*. San Francisco, CA: Berrett-Koehler.

Oshry, B. (2007) *Seeing Systems: Unlocking the Mysteries of Organizational Life*, 2nd edn. San Francisco, CA: Berrett-Koehler.

Ouchi, W.G. and Wilkins, L.G. (1985) Organizational culture, *Annual Review of Sociology*, 11: 457–83.

Pardey, D. (2011) *Mastery in Coaching: Integrity and Competence*. Presentation at the North East London University Conference, 7 March. London: Institute of Leadership and Management.

Parker-Wilkins, V. (2006) Business impact of executive coaching: demonstrating monetary value, *Industrial and Commercial Training*, 38: 122–7.

Passmore, J. (2010) *Supervision in Coaching*. London: Kogan Page.

Pedler, M. (1996) *Action Learning for Managers*. London: Lemos & Crane.

Pedler, M. (1997) What do we mean by action learning?, in M. Pedler (ed.) *Action Learning in Practice*. Aldershot: Gower.

Pedler, M., Burgoyne, J.G. and Boydell, T. (1991) *The Learning Company: A Strategy for Sustainable Development*. London: McGraw-Hill.

Pedler, M., Burgoyne, J.G. and Brook, C. (2005) What has action learning learnt to become, *Action Learning: Research and Practice*, 2(1): 49–68.

Peterson, D.B. (2010a) Good to great coaching: accelerating the journey, in G. Hernez-Broome and L.A. Boyce (eds) *Advancing Executive Coaching: Setting the Course for Successful Leadership Coaching*. San Francisco, CA: Jossey-Bass.

Peterson, D.B. (2010b) Executive coaching: a critical review and recommendations for advancing the practice, in S. Zedeck (ed.) *APA Handbook of Industrial and Organizational Psychology: Vol. 2. Selecting and Developing Members of the Organization*. Washington, DC: American Psychological Association.

Pettigrew, A. and McNulty, T. (1995) Power and influence in and around the boardroom, *Human Relations*, 48(8): 845–73.

Porter, M.E. and Kramer, M.R. (2011) Shared value: how to re-invent capitalism and unleash a wave of innovation and growth, *Harvard Business Review*, 89(1/2): 62–77.

Rackham, N. (1988) *SPIN Selling*. New York: McGraw-Hill.

Reason, P. (1988) *Human Inquiry in Action*. London: Sage.

Reason, P. (1994) *Participation in Human Inquiry*. London: Sage.

Reason, P. and Bradbury, H. (2000) *Handbook of Action Research: Participative Inquiry and Practice*. London: Sage.

Revans, R. (1998) *The ABC of Action Learning*. London: Lemos & Crane.

Rogers, C. (1967) *On Becoming a Person*. London: Constable.

RSA (1995) *Tomorrow's Company*. London: RSA.

Ryde, J. (2009) *Being White in the Helping Professions: Developing Effective Intercultural Awareness*. London: Jessica Kingsley.

Sadler, P. (2002) *Building Tomorrow's Company*. London: Kogan Page.

Scharma, C. O. (2007). *Theory U: Leading from the Future as it Emerges – The Social Technology of Presencing*. Cambridge: Society for Organizational Learning.

Schein, E.H. (1969) *Process Consultation: Its Role in Organizational Development*. London: Wesley.

Schein, E.H. (1985) *Organizational Culture and Leadership*. San Fransisco, CA: Jossey-Bass.

Schein, E.H. (2003) On dialogue, culture, and organizational learning, *Reflections*, 4(4): 27–38.

Senge, P. (1990) *The Fifth Discipline: The Art and Practice of the Learning Organization*. New York: Doubleday.

Senge, P. (2008) *The Necessary Revolution: How Individuals and Organizations are Working Together to Create a Sustainable World*. New York: Doubleday.

Senge, P., Kleiner, A., Ross, R., Roberts, C. and Smith, B. (1994) *The Fifth Discipline Fieldbook: Strategies and Tools for Building a Learning Organization*. New York: Doubleday.

Senge, P., Jaworski, J., Scharmer, C. and Flowers, B. (2005) *Presence: Exploring Profound Change in People, Organizations and Society*. New York: Doubleday.

Sherman, S. and Freas, A. (2004) The wild west of executive coaching, *Harvard Business Review*, 82(11): 82–90.

Stacey, R. (2010) *Complexity and Organizational Reality*. London: Routledge.

St. John-Brooks, K. (2010) What are the ethical challenges involved in being an internal coach?, *International Journal of Mentoring and Coaching*, VIII(1): 50–66.

Strumpf, C. (2002) Coaching from the inside: when, why and how?, in C. Fitzgerald and J. Garvey Berger (eds) *Executive Coaching: Practices and Perspectives*. Mountain View, CA: Davies Black Publishing.

Surowiecki, J. (2005) *The Wisdom of Crowds: Why the Many are Smarter than the Few*. London: Abacus.

Talboom, A.M. (1999) *The Welfare Sector Hits Hard: Exploratory Research after the Role of Coaching and Counselling within Organizations*. Nijmegen: Nijmegen Business School.

The Corporate Research Forum (2006) *Workshop: Managing Coaching in Organizations*. Berkhampstead: Ashridge Business School.

Thomson, P. and Graham, J. (2005) *A Woman's Place is in the Boardroom*. Basingstoke: Palgrave Macmillan.

Thomson, P. and Lloyd, T. (2011) *Women and the New Business Leadership*. Basingstoke: Palgrave Macmillan.

Thornton, C. (2010) *Group and Team Coaching*. Abingdon: Routledge.

Tichy, N. and Bennis, W. (2007) *Judgment: How Winning Leaders make Great Calls*. New York: Portfolio/Penguin.

Tichy, N. and Cohen, E. (2002) *The Leadership Engine: How Winning Companies Build Leaders at Every Level*. New York: HarperCollins.

Tichy, N. and McGill, A. (2003) *The Ethical Challenge: How to Lead with Unyielding Integrity*. San Francisco, CA: Jossey-Bass.

Torbert, W. (2004) *Action Inquiry: The Secret of Timely and Transforming Leadership*. San Francisco, CA: Berrett-Koehler.

Underhill, B.O., McAnally, K. and Koriath, J.J. (2007) *Executive Coaching for Results: The Definitive Guide to Developing Organizational Leaders*. San Francisco, CA: Berrett-Koehler.

Ury, W. (1992) *Getting Past No: Negotiating with Difficult People*. New York: Random House Business.

Van Ryn, M. and Heaney, C.A. (1997) Developing effective helping relationships in health eduction practice, *Health Education Behaviour*, 24: 683–702.

Wageman, R., Nunes, D.A., Burruss, J.A. and Hackman, J.R. (2008) *Senior Leadership Teams*. Cambridge, MA: Harvard Business School Press.

Walshyn, K.M. (2003) Executive coaching: an outcome study, *Consulting Psychology Journal: Practice and Research*, 55: 94–106.

Ward, G. (2008) Towards executive change: a psychodynamic group coaching model for short executive programs, *International Journal of Evidence Based Coaching and Mentoring*, 6(1): 67–78.

Welch, J. (2001) *Jack: What I have Learned Leading a Great Company and Great People*. New York: Warner Books.

Wheatley, M. (2002) *Turning to One Another: Conversations to Restore Hope to the Future*. San Francisco, CA: Berret-Keohler.

Whitmore, J. (2002) *Coaching for Performance: Growing People, Performance and Purpose*. London: Nicholas Brealey.

Witherspoon, R. and White, R.P. (1996) Executive coaching: a continuum of roles, *Consulting Psychology Journal: Practice and Research*, 48: 124–33.

Yip, G., Devinney, T. and Johnson, G. (2009) Measuring long term superior performance, *Long Range Planning*, 42(3): 390–413.

Zeldin, T. (1998) *Conversations: How Talk can Change Our Lives*. London: Harvill Press.

Zenger, J.H. and Stinnett, K. (2006) Leadership coaching: developing effective executives, *Chief Learning Officer*, 5(7): 44–7.